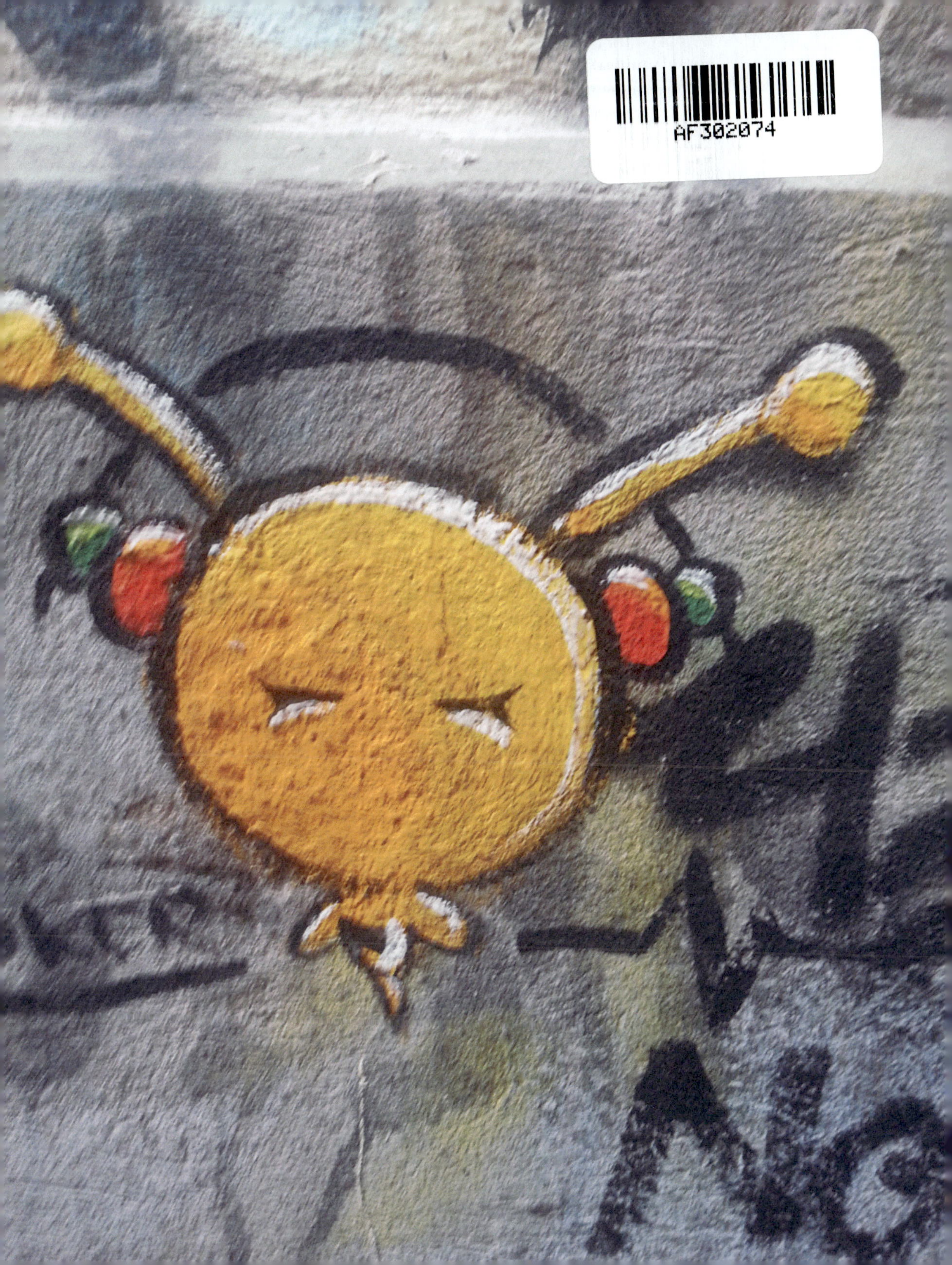
AF302074

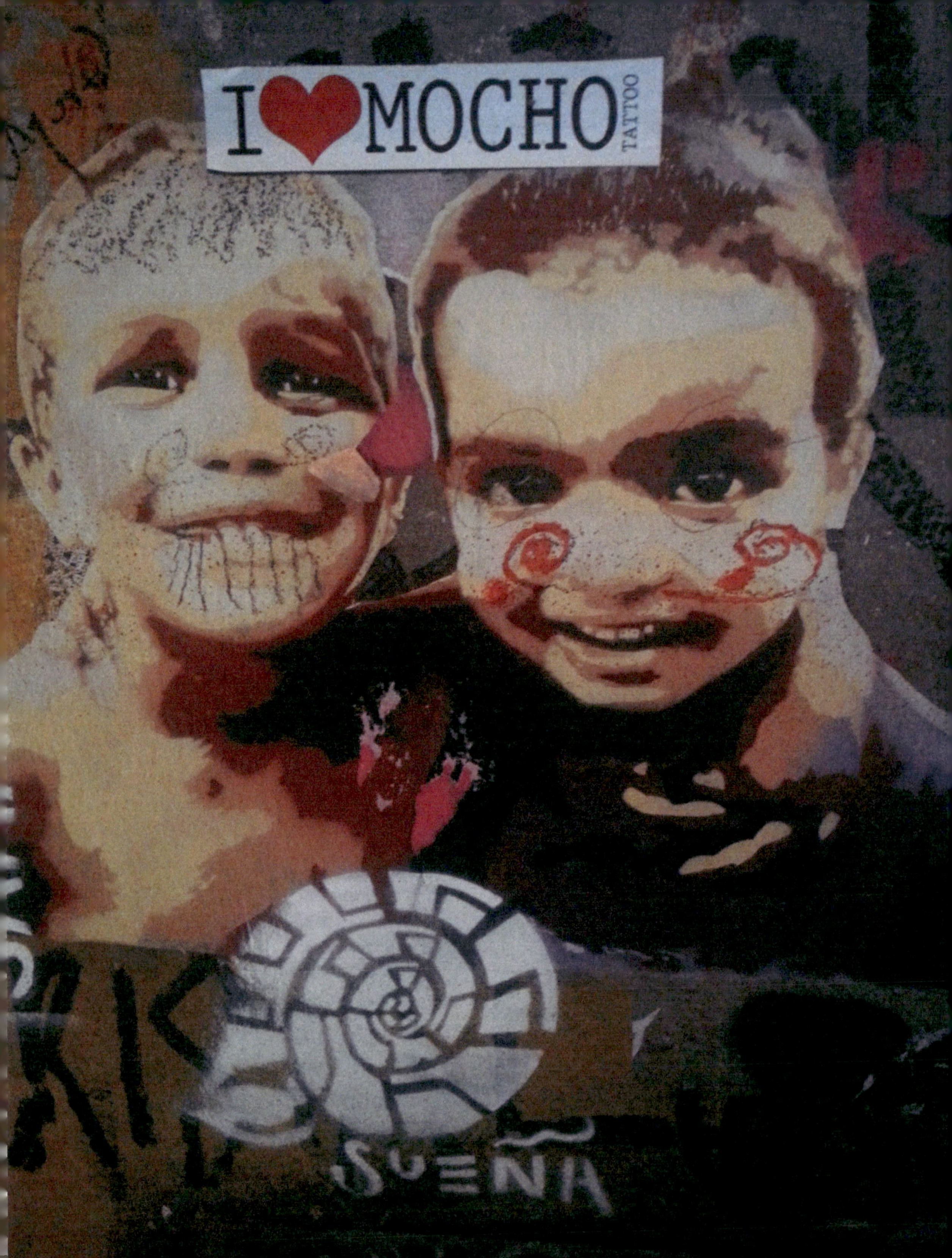

I ♥ MOCHO TATTOO
SUEÑA

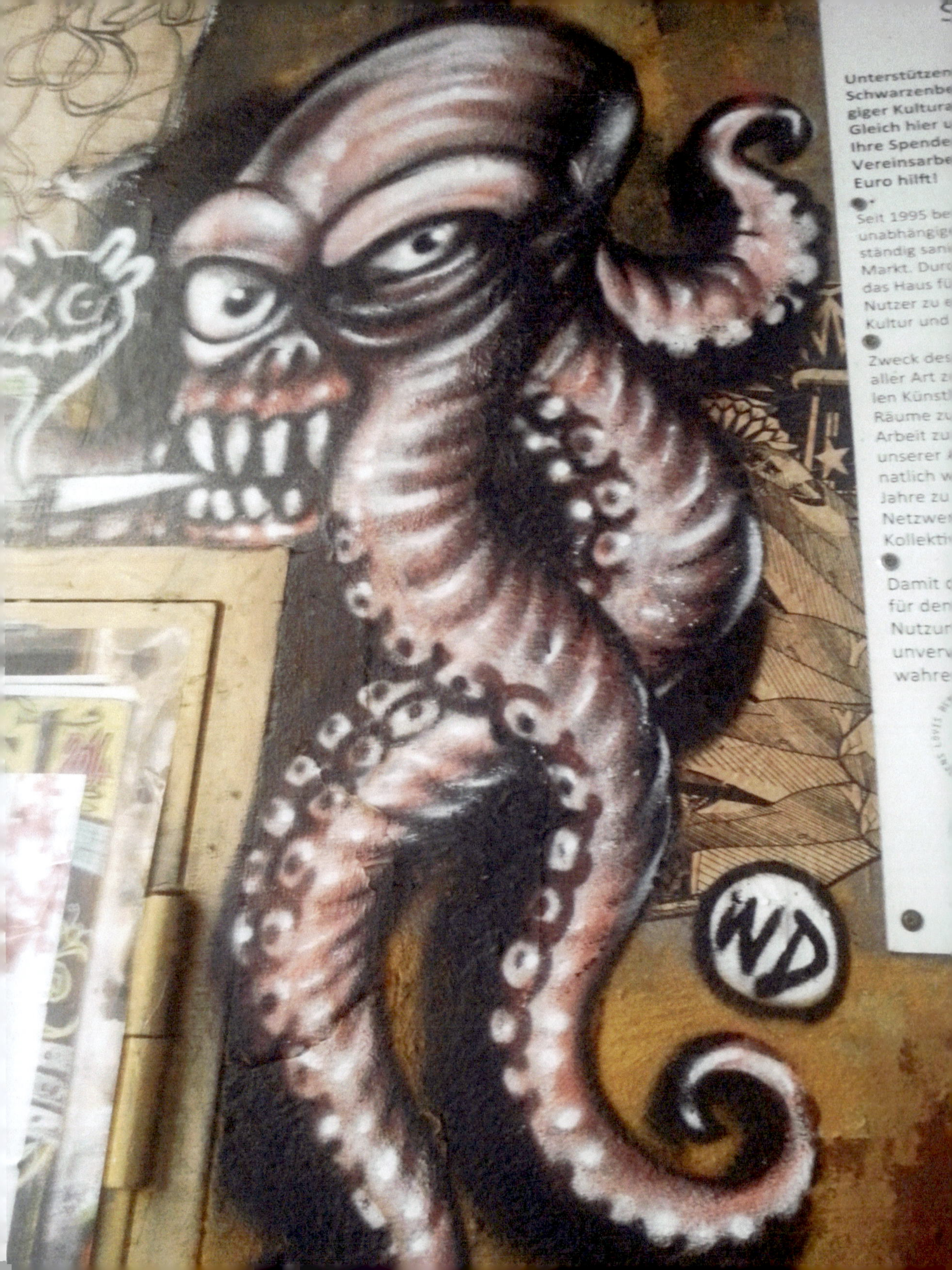

Unterstützen
Schwarzenbe
giger Kultura
Gleich hier u
Ihre Spende
Vereinsarbe
Euro hilft!

Seit 1995 be
unabhängig
ständig sani
Markt. Durc
das Haus fü
Nutzer zu e
Kultur und

Zweck des
aller Art z
len Künstl
Räume zu
Arbeit zu
unserer
natlich w
Jahre zu
Netzwe
Kollekti

Damit c
für den
Nutzur
unverw
wahre

WD

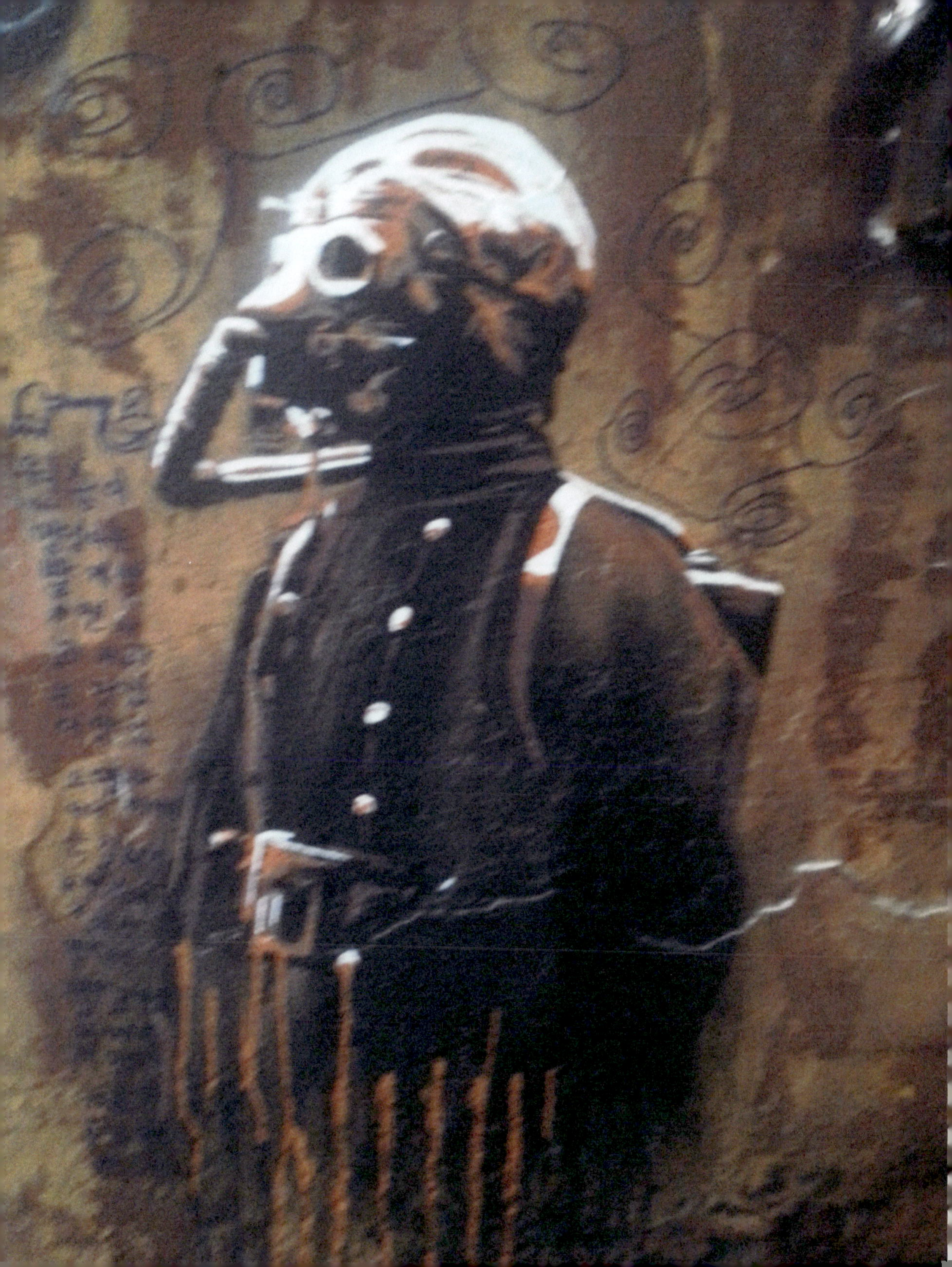

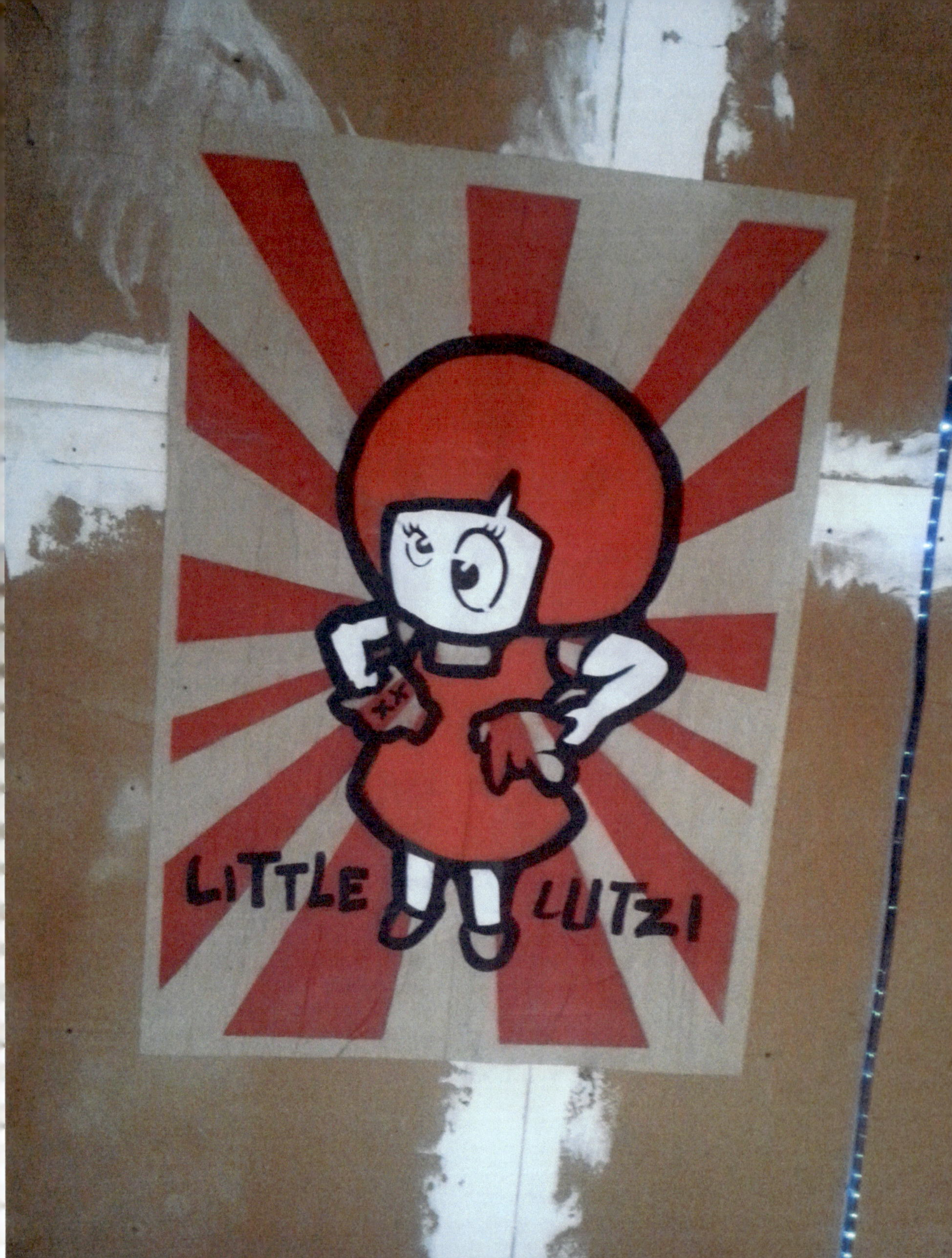
LITTLE LUTZI

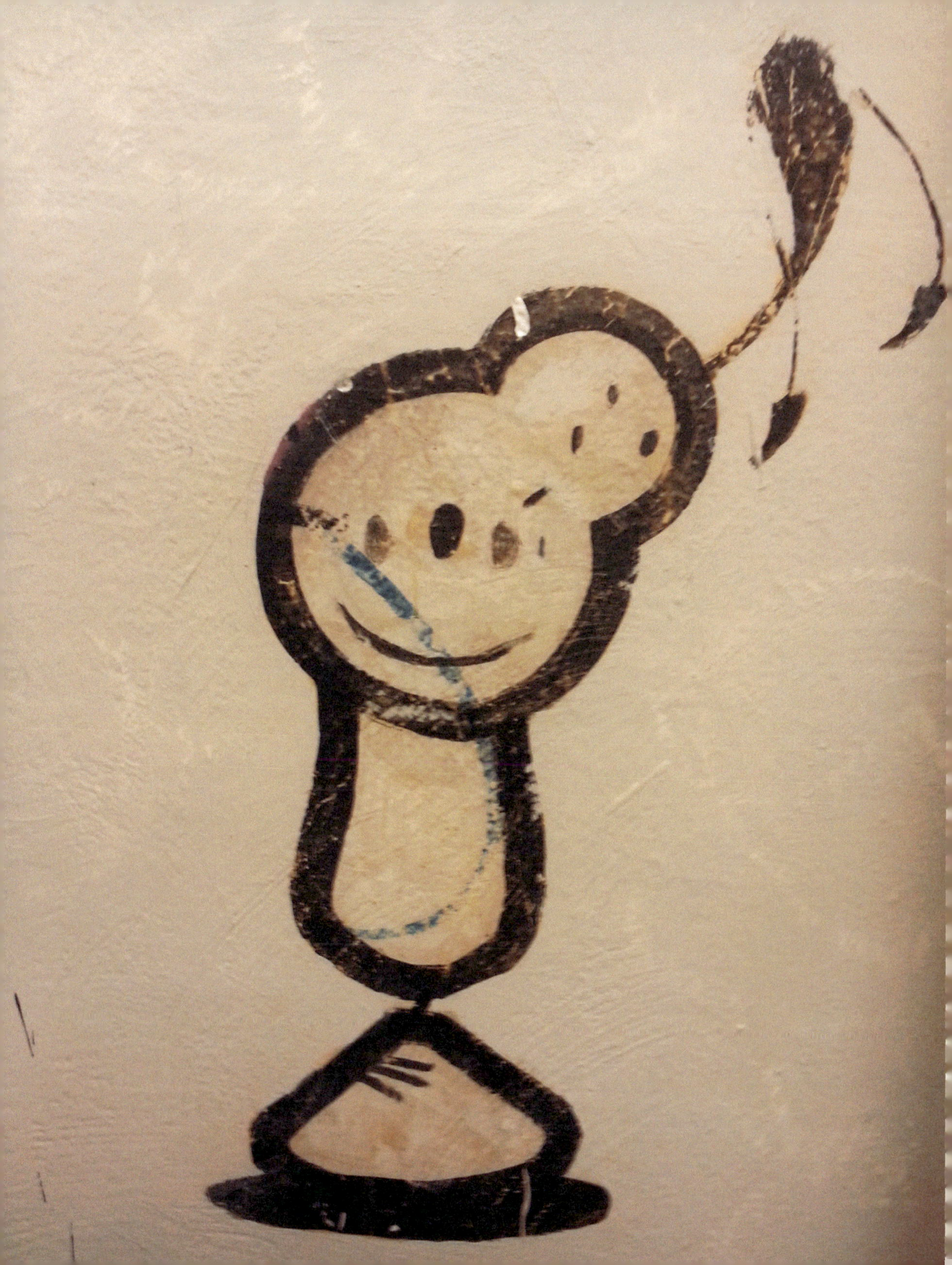

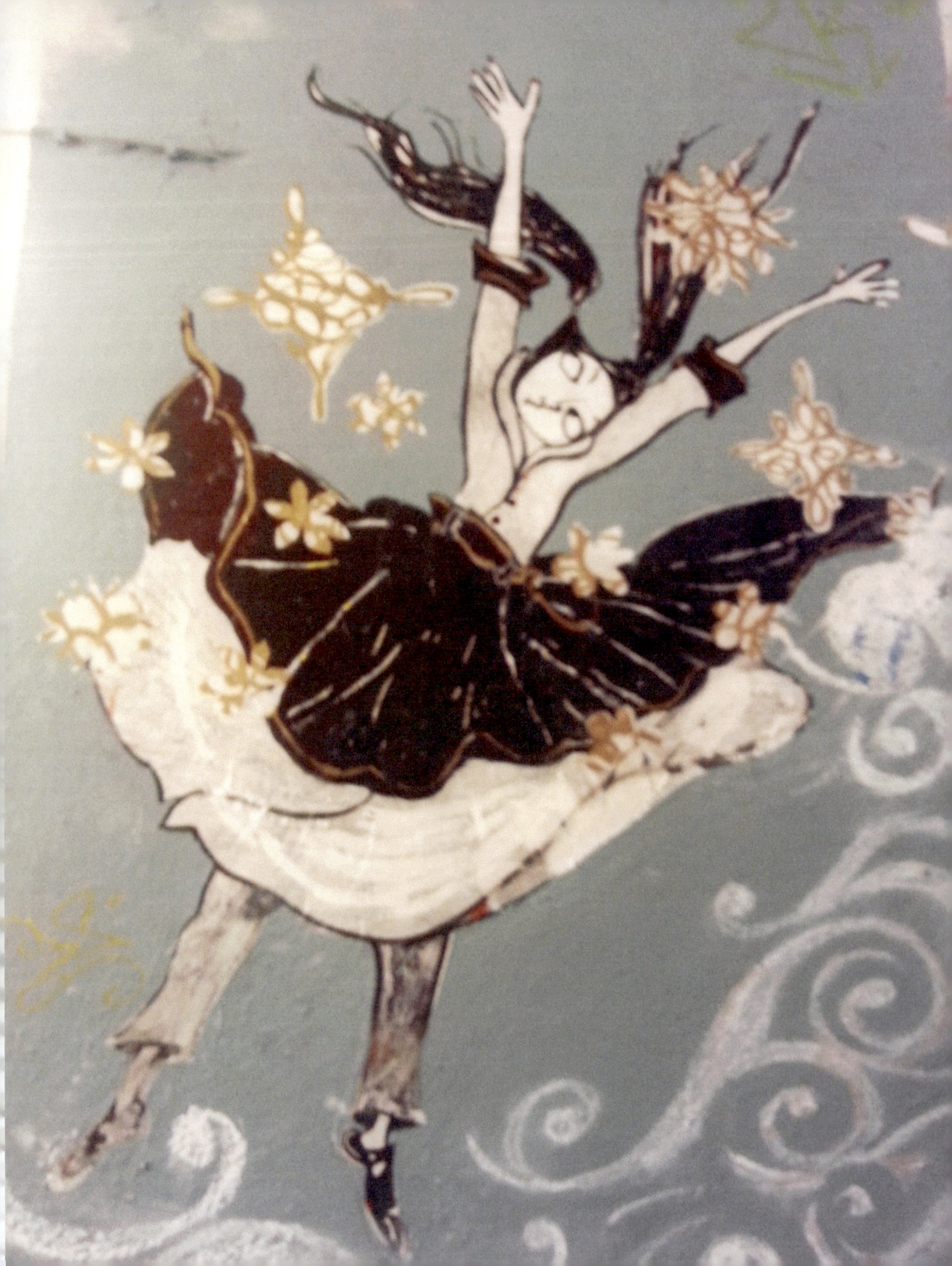

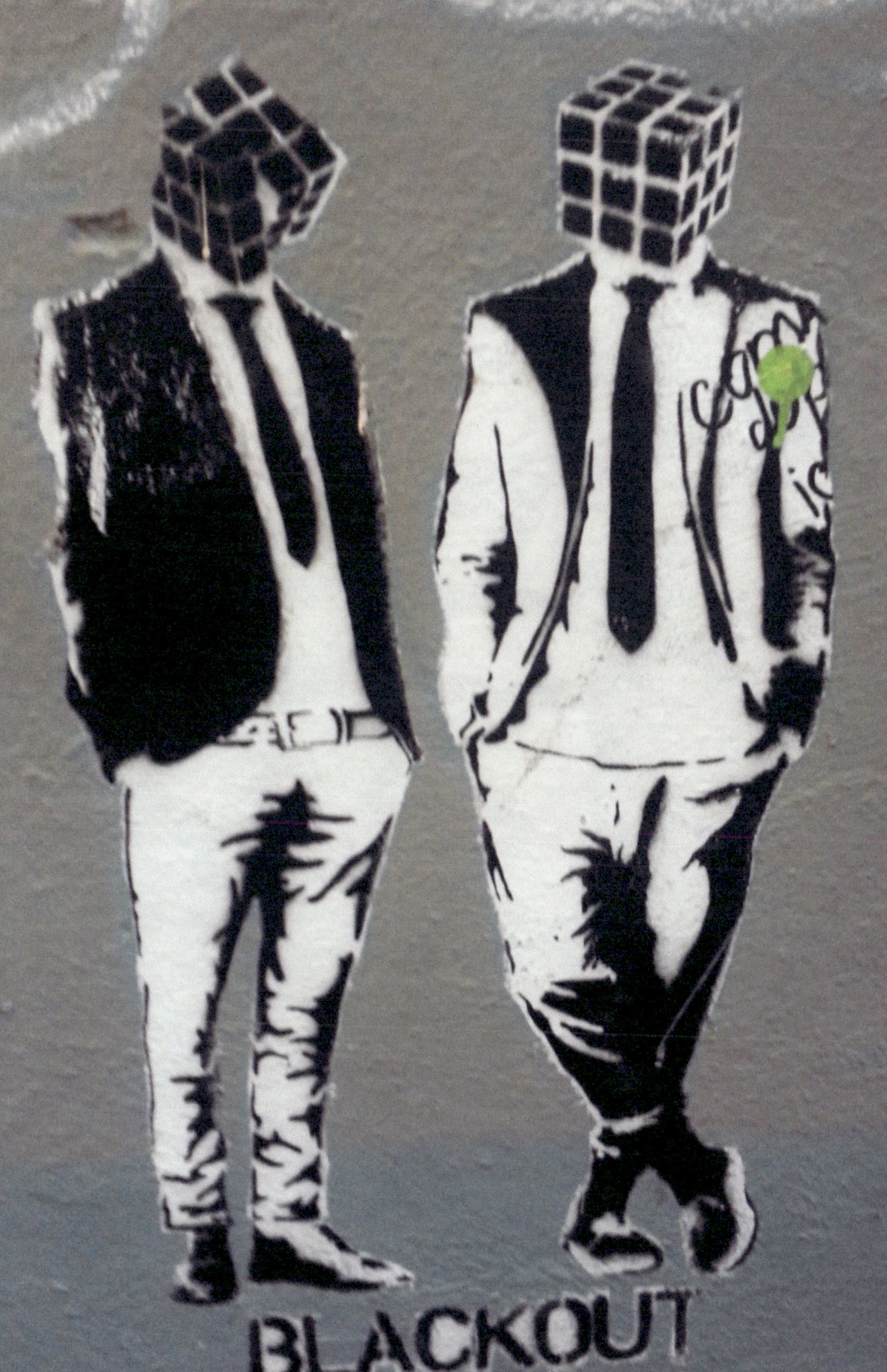
BLACKOUT

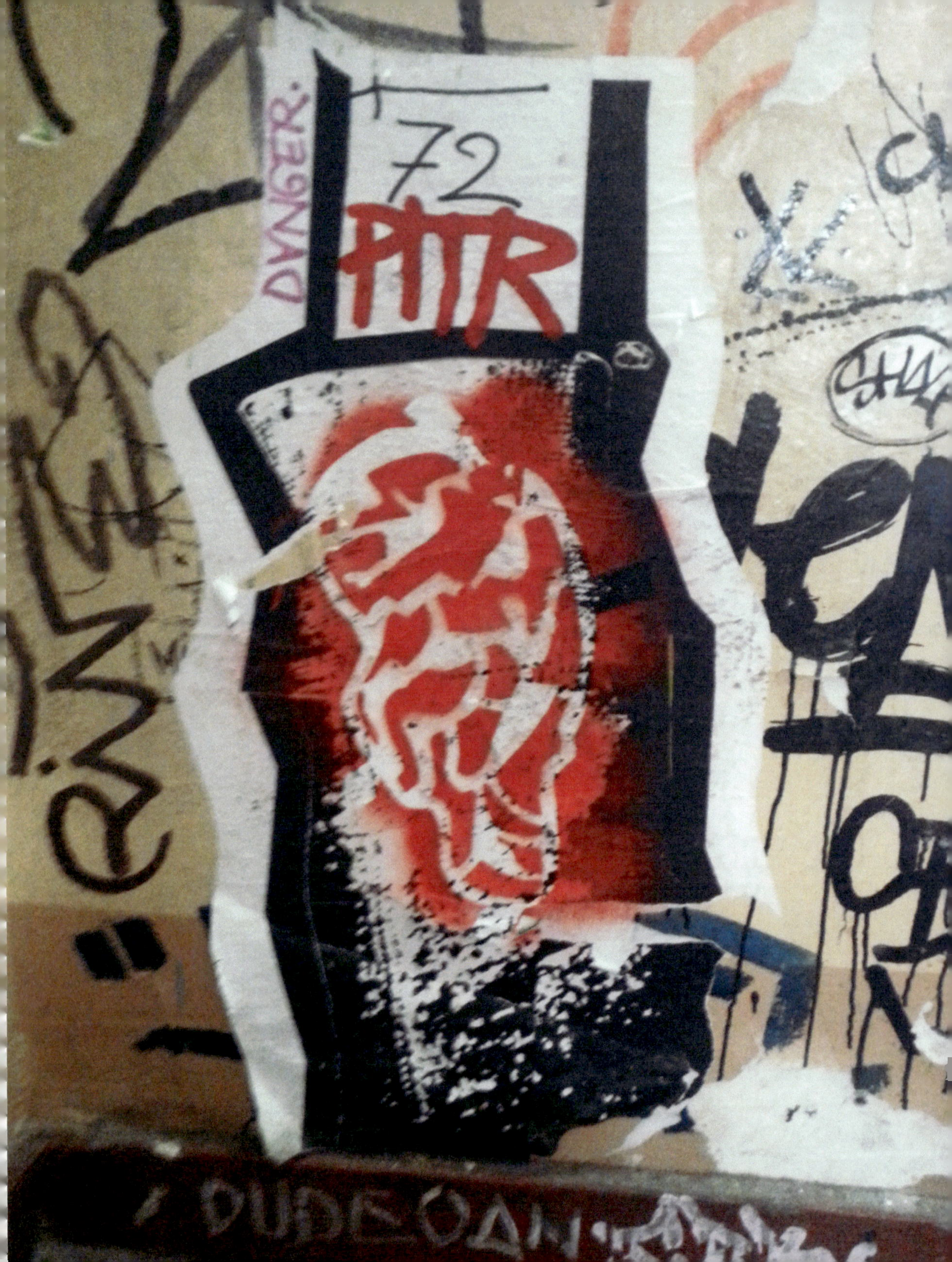
DYNGER.
72
PITR

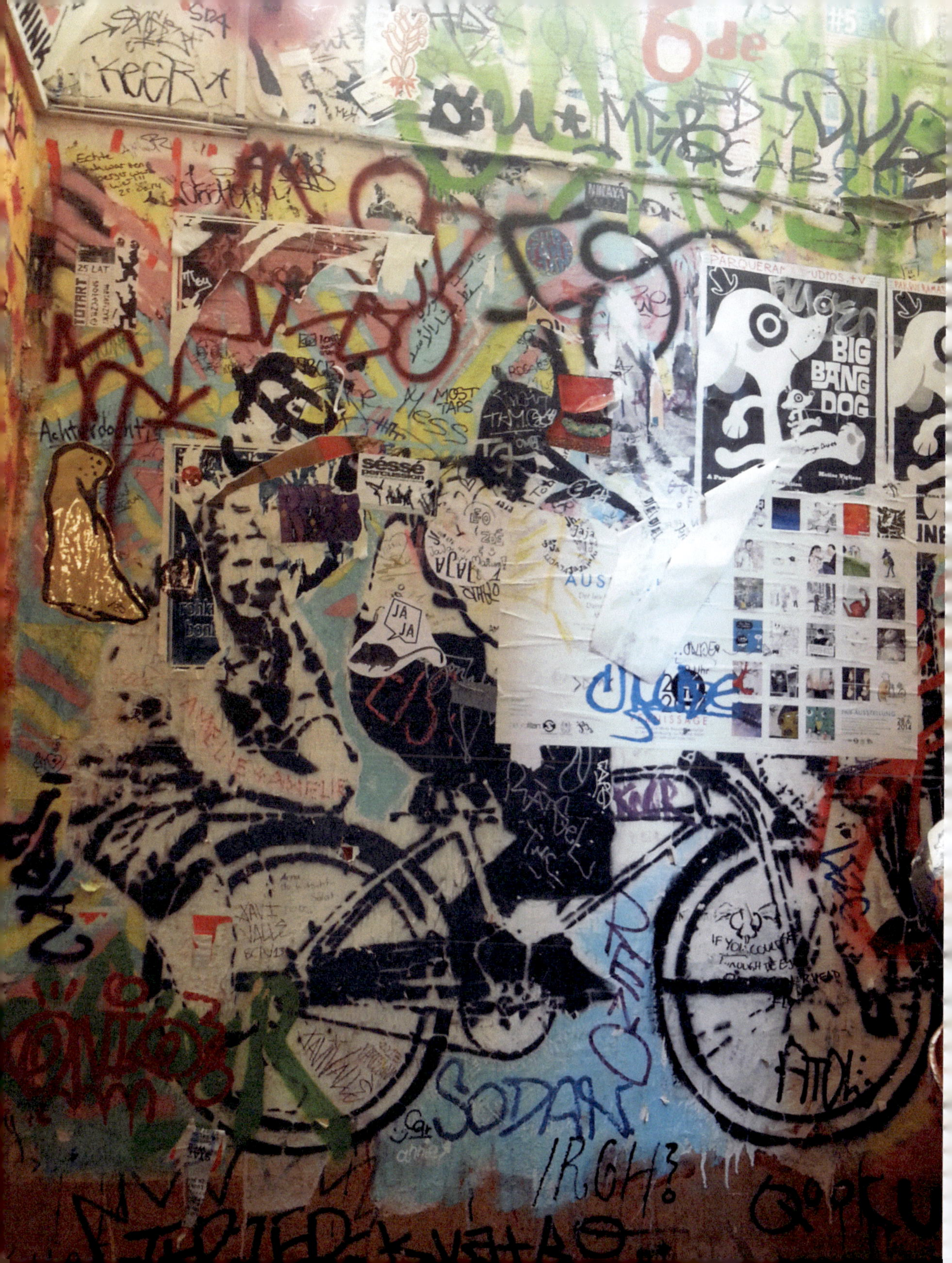

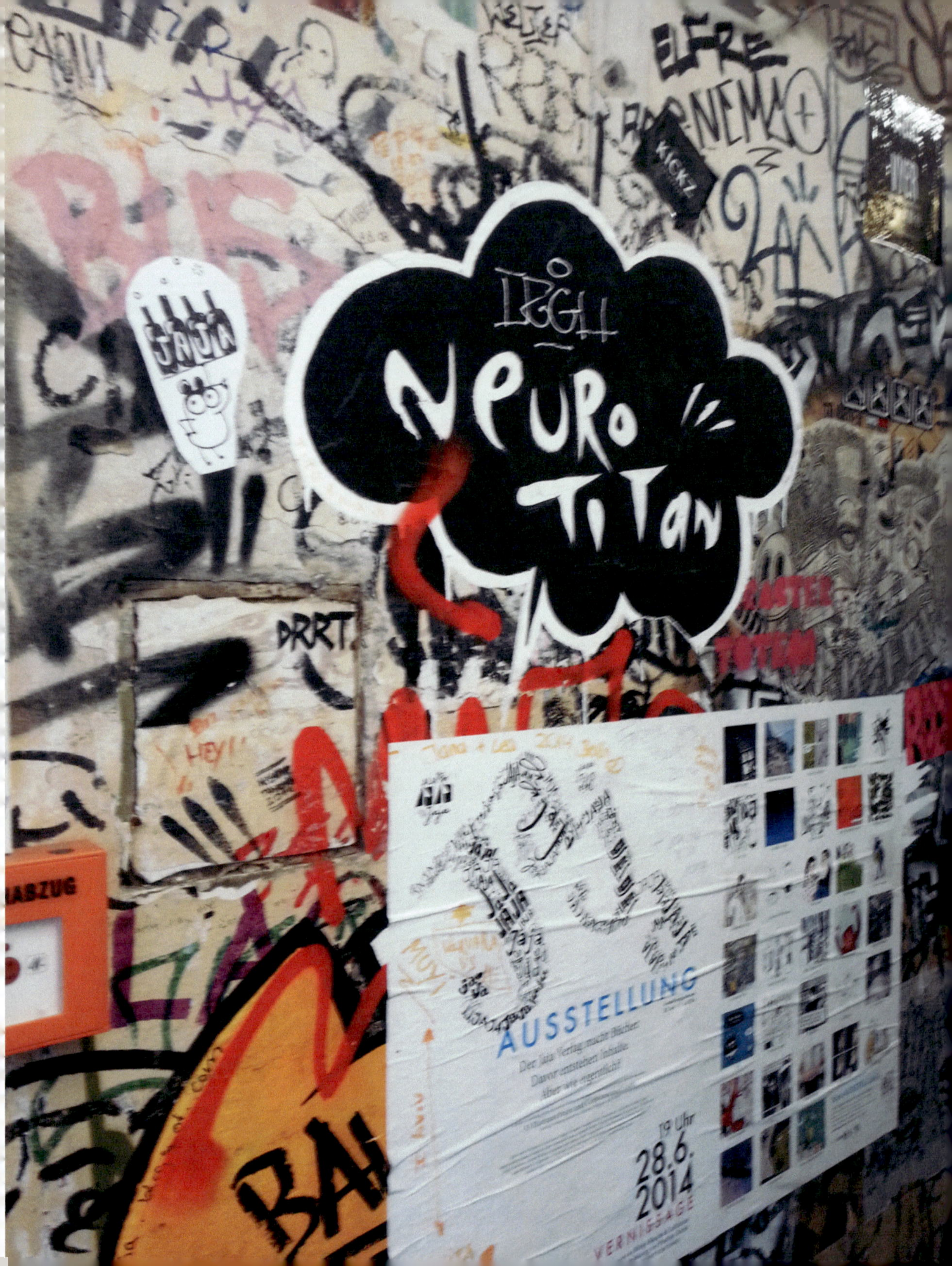

NEURO
TITAN
KICKZ
AUSSTELLUNG
Der Jaja Verlag macht Bücher.
19 Uhr
28.6.
2014
VERNISSAGE

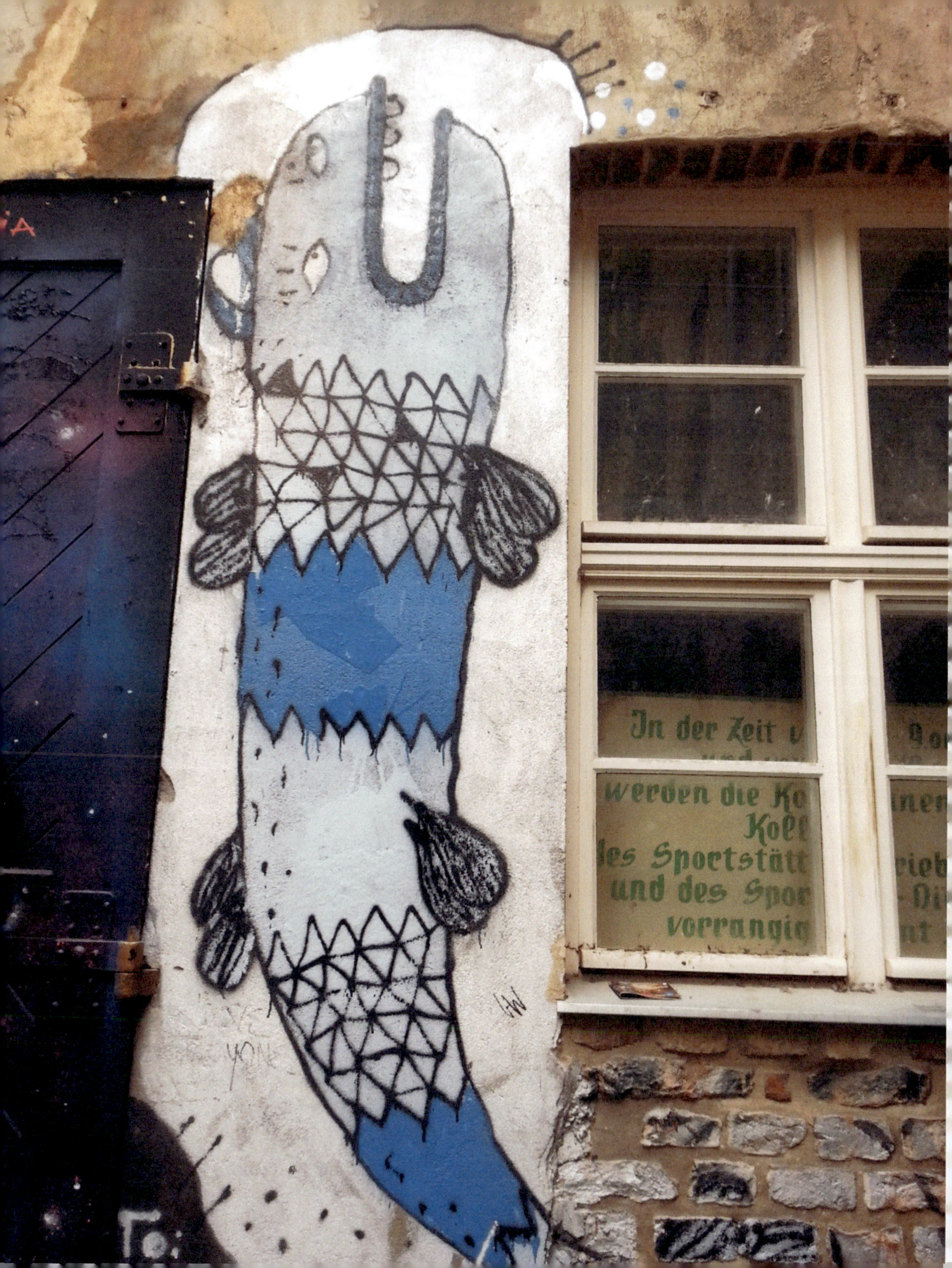
In der Zeit
werden die Ko
Koll
les Sportstätt
und des Spor
vorrangig

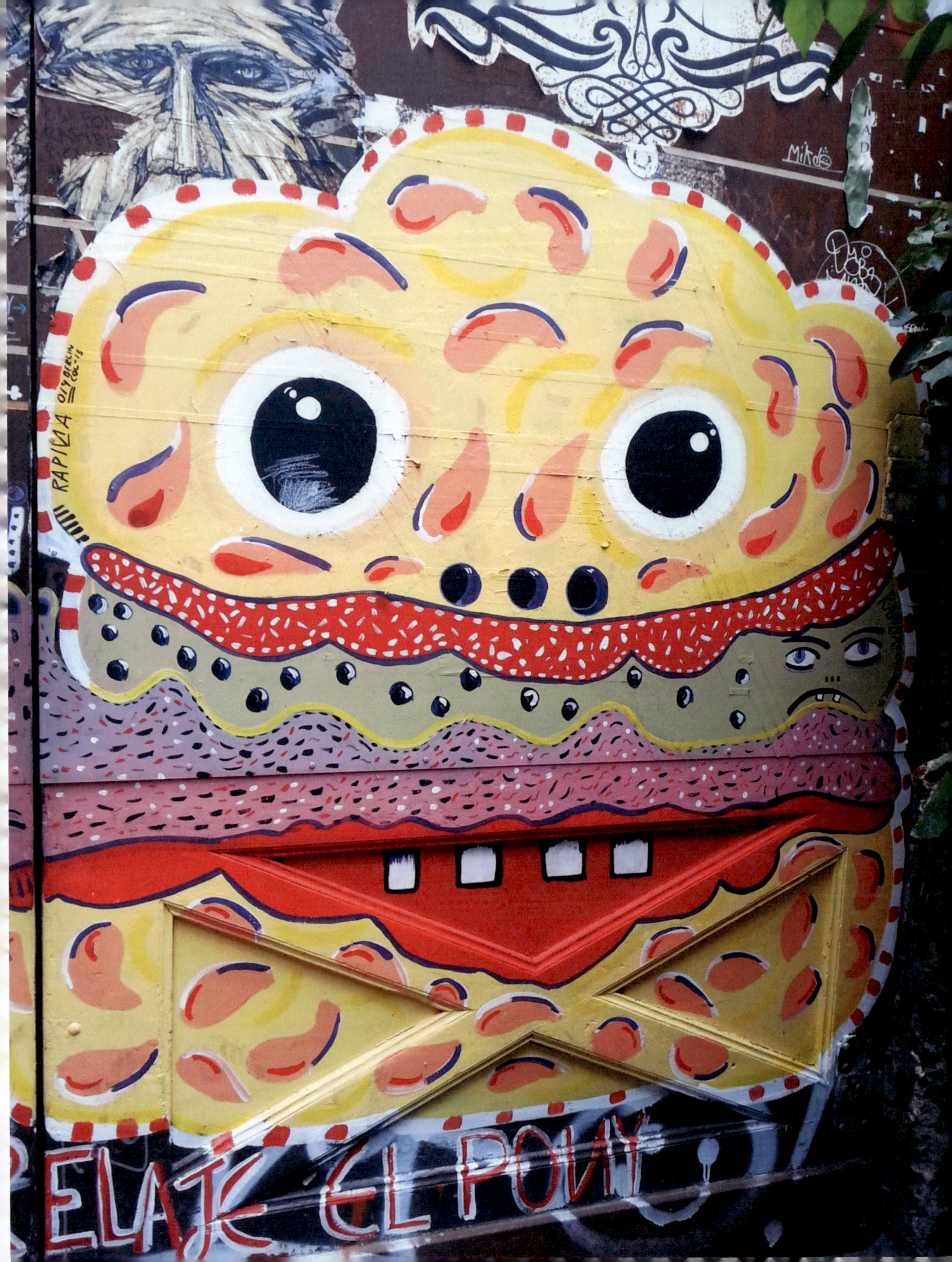

RAPINA
EL PONY

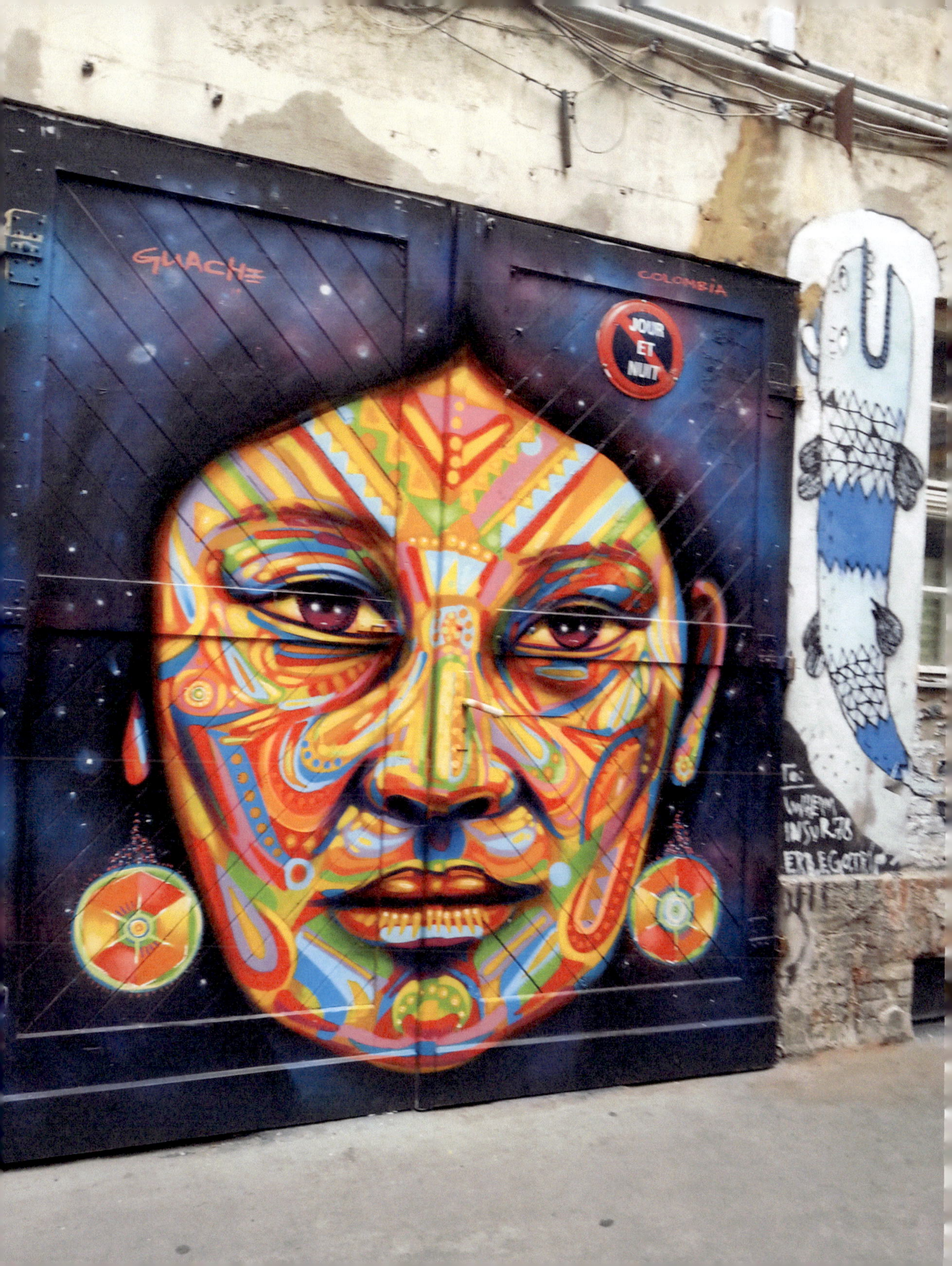

GUACHE
COLOMBIA
JOUR ET NUIT

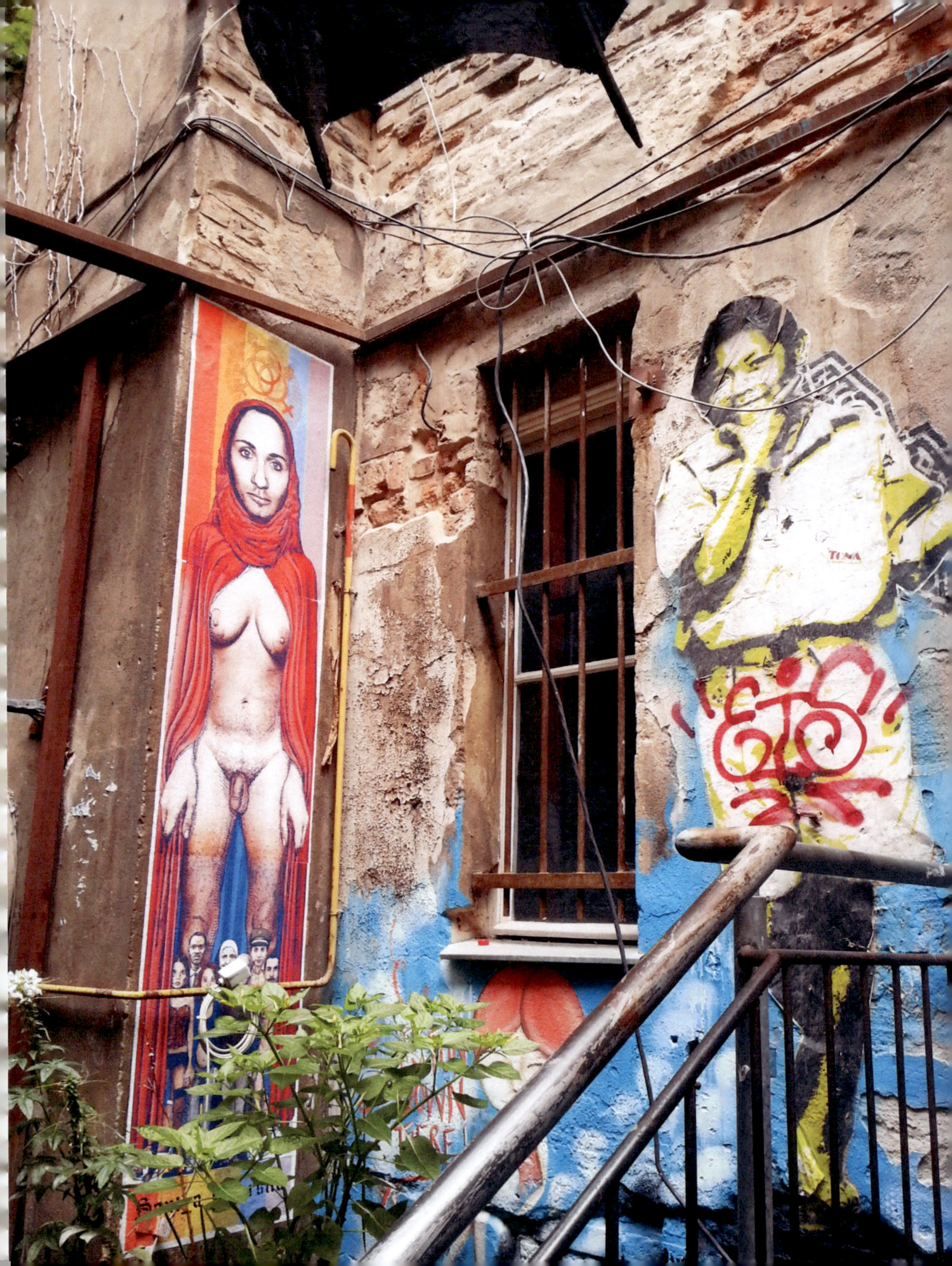

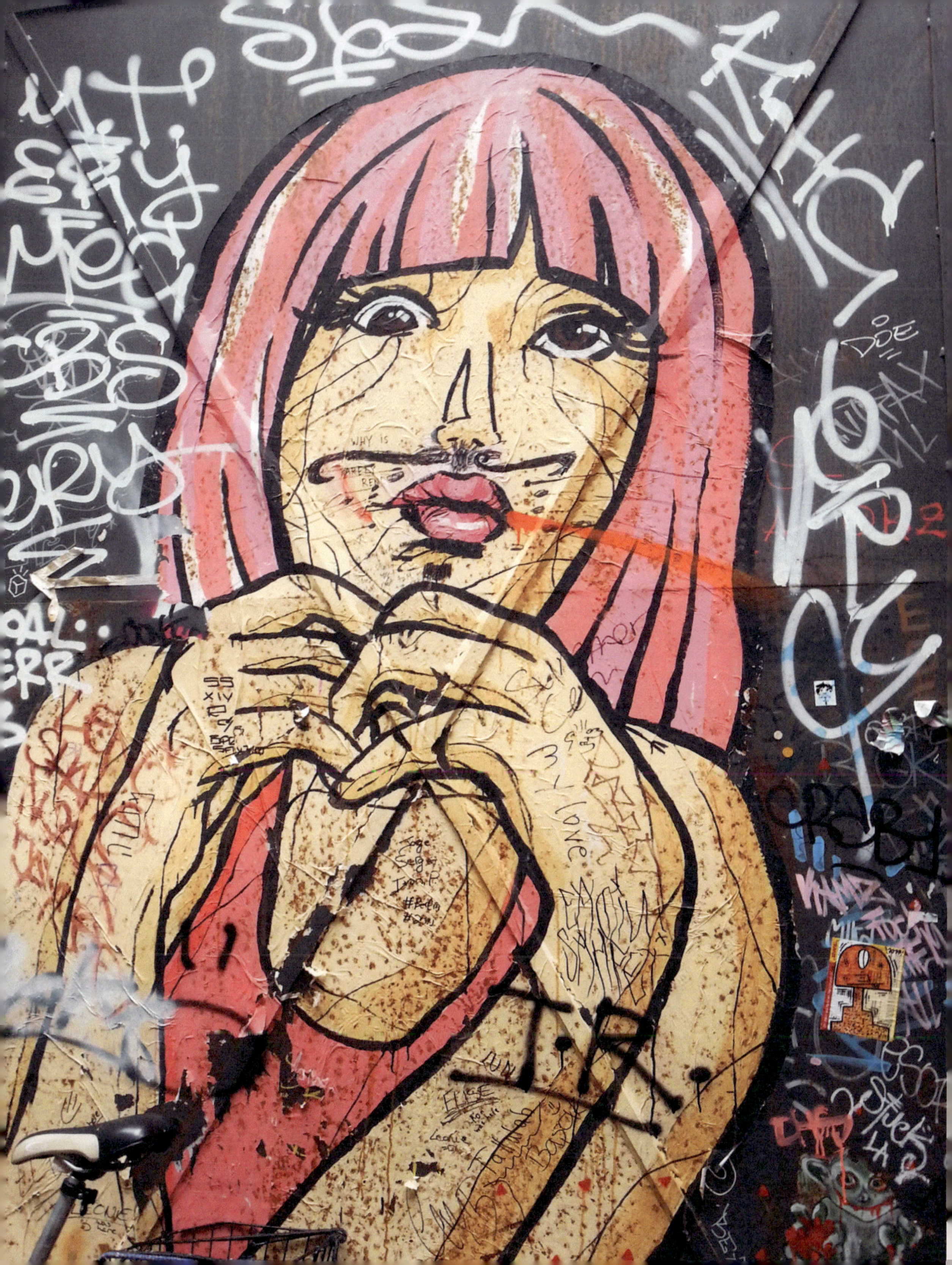

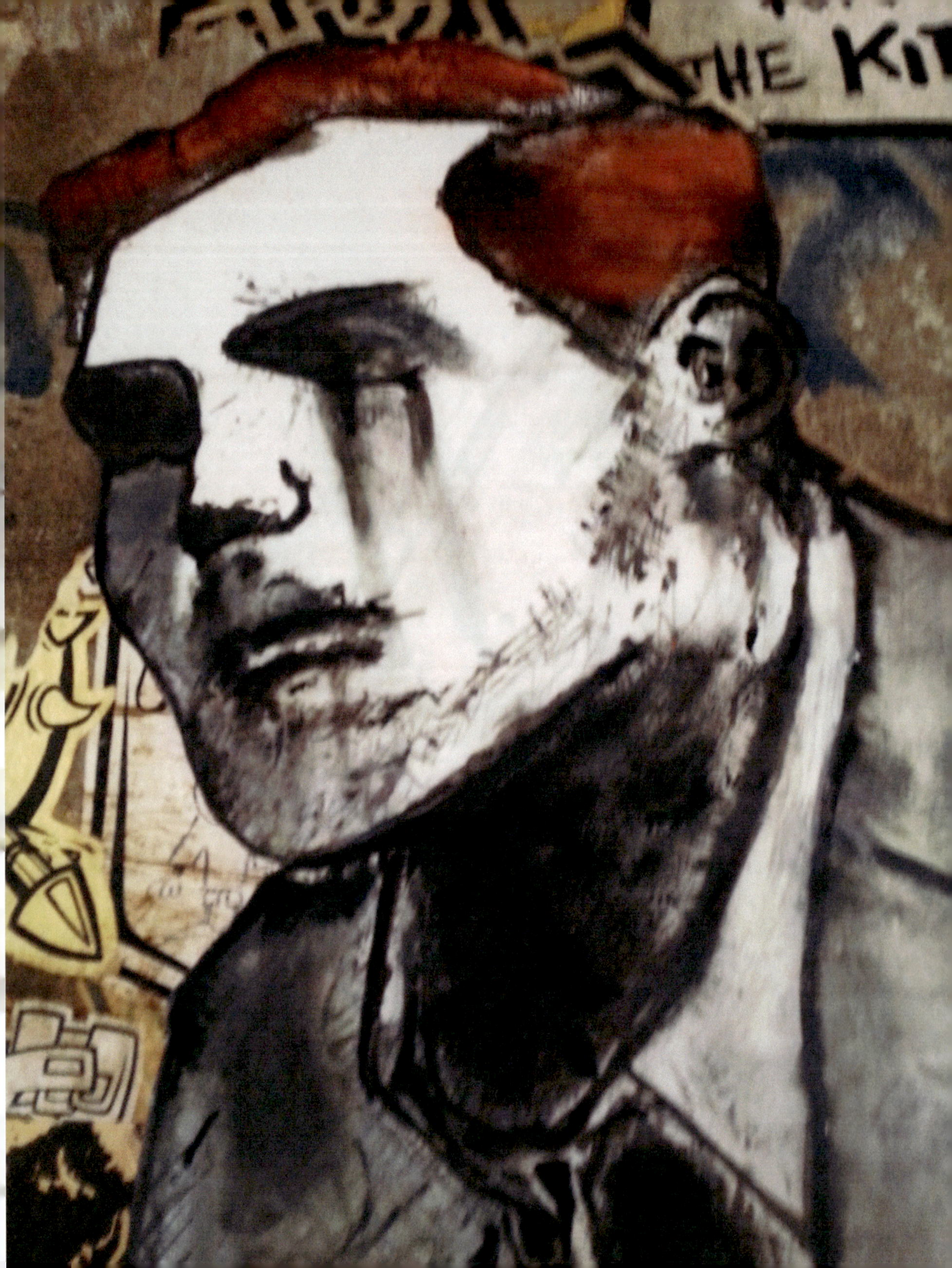
THE KI

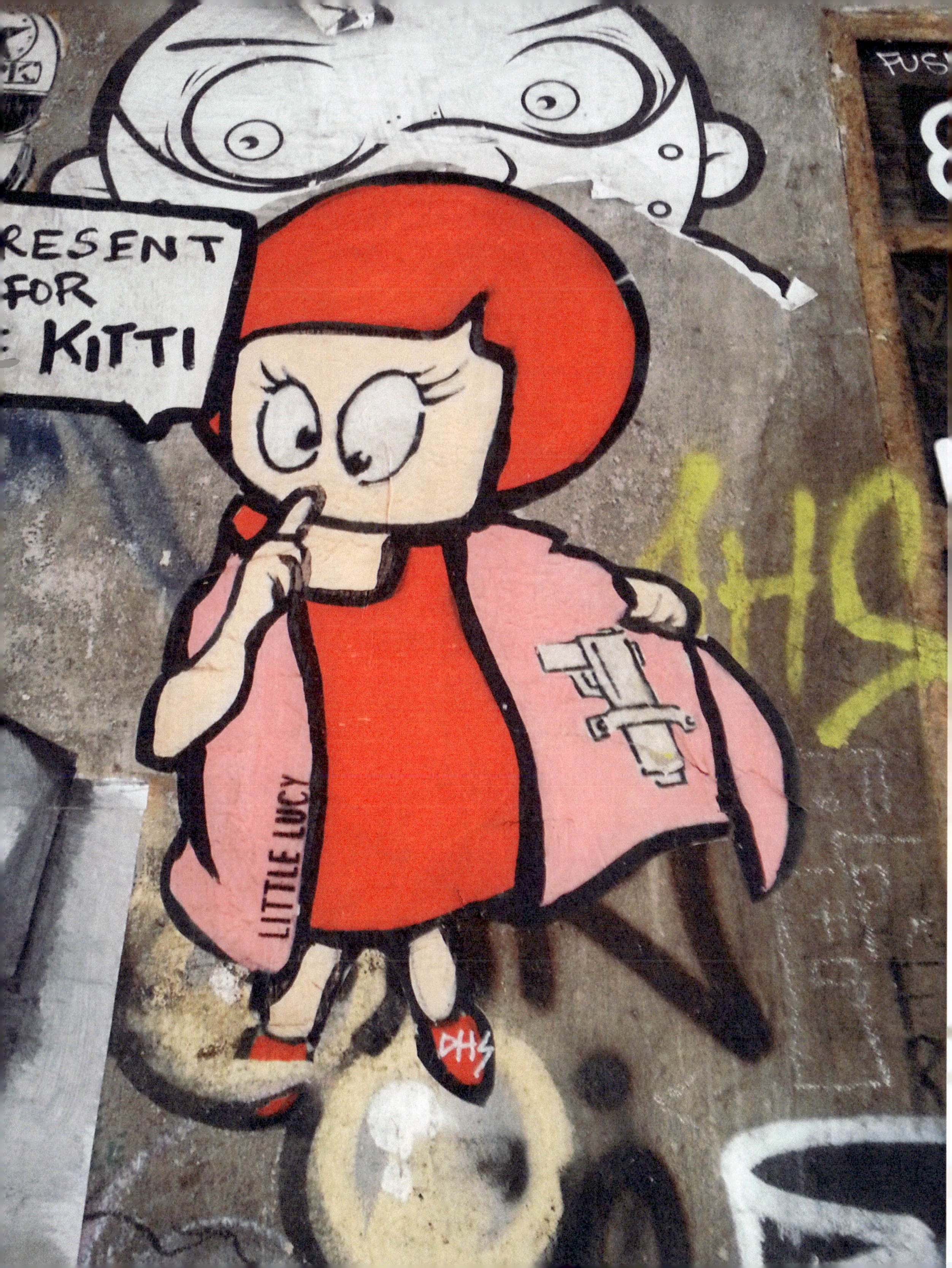
RESENT
FOR
E KITTI
LITTLE LUCY
DHS
FUS

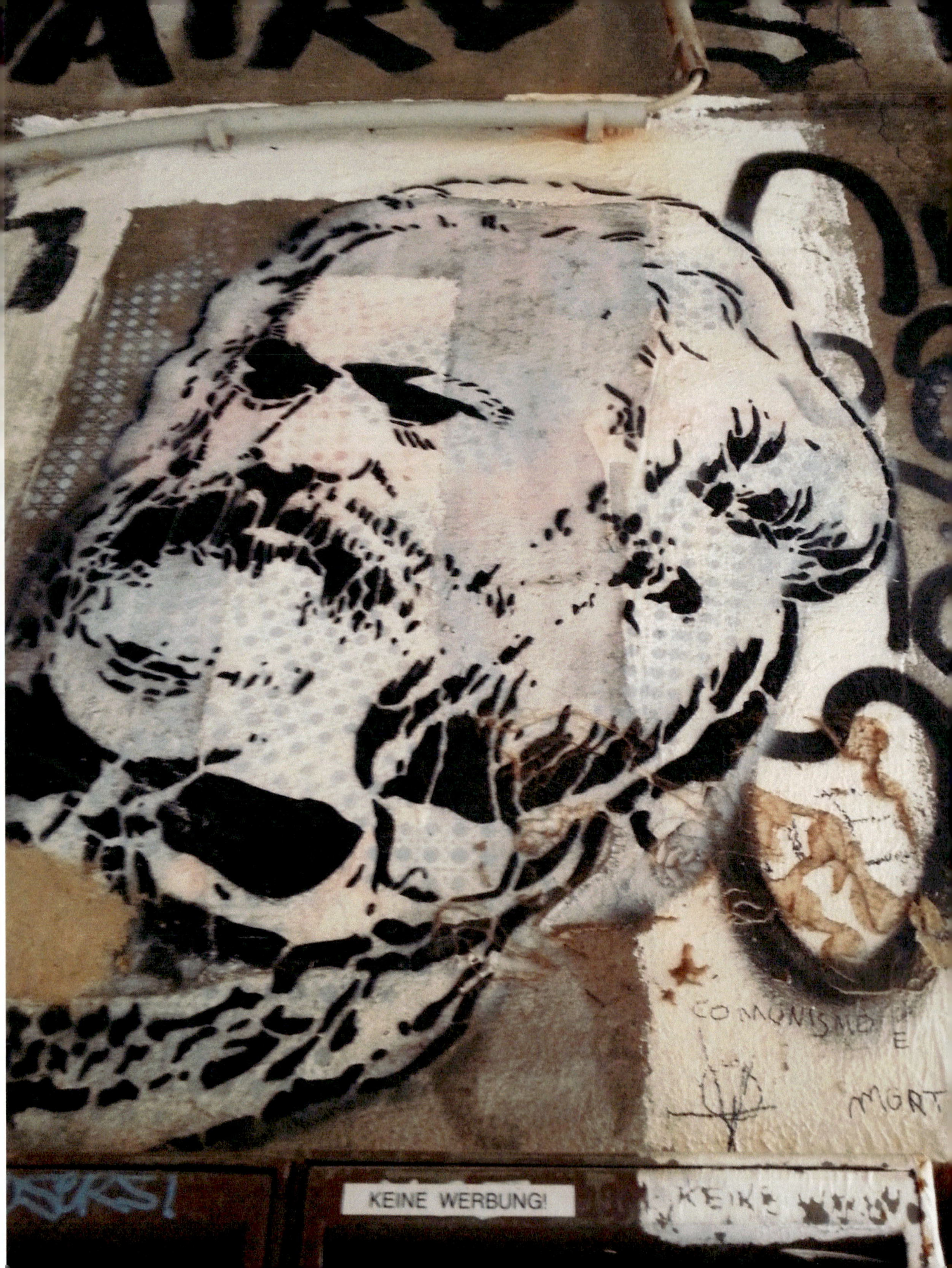
COMUNISMO
E
MORT
KEINE WERBUNG!

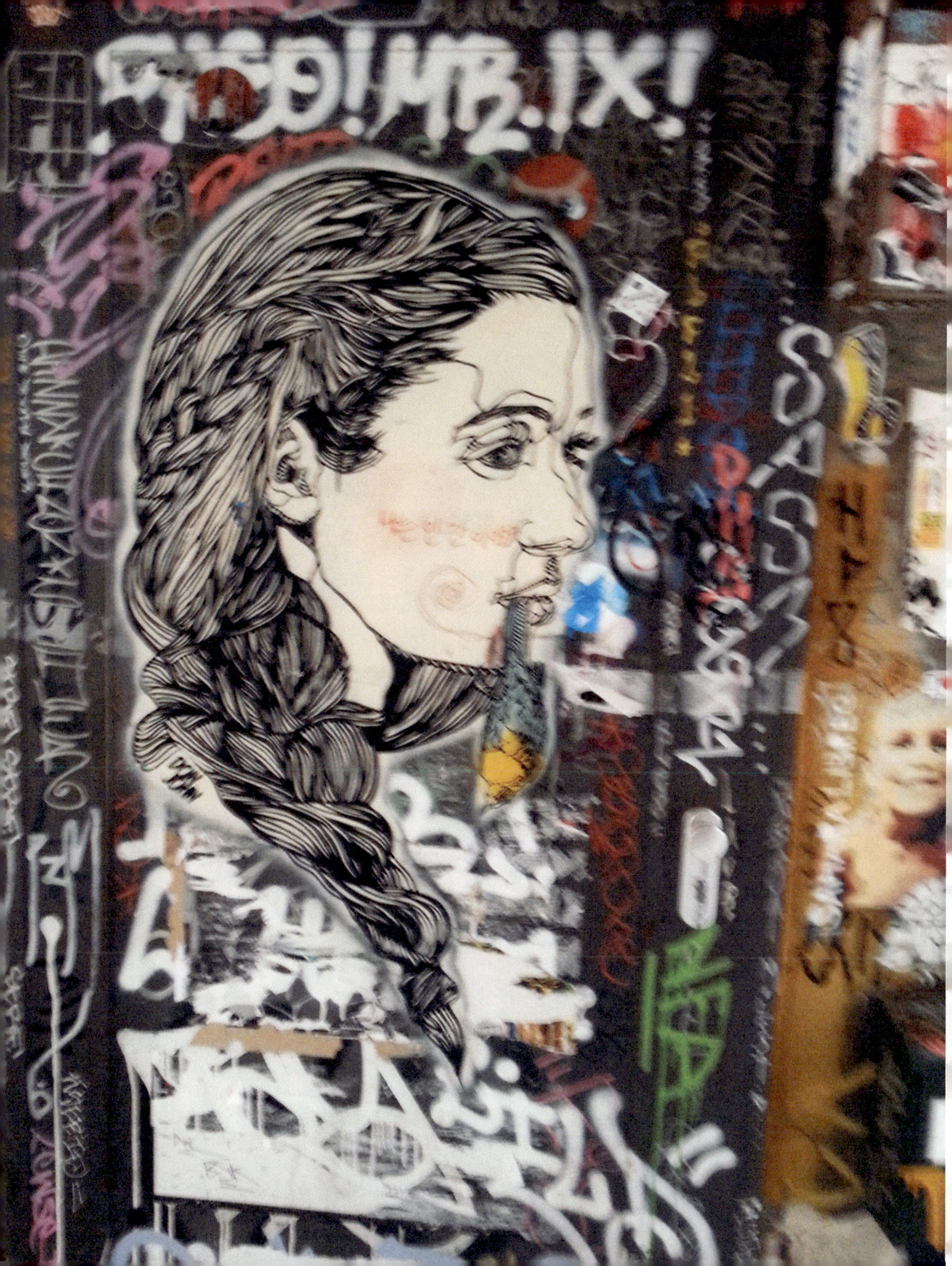

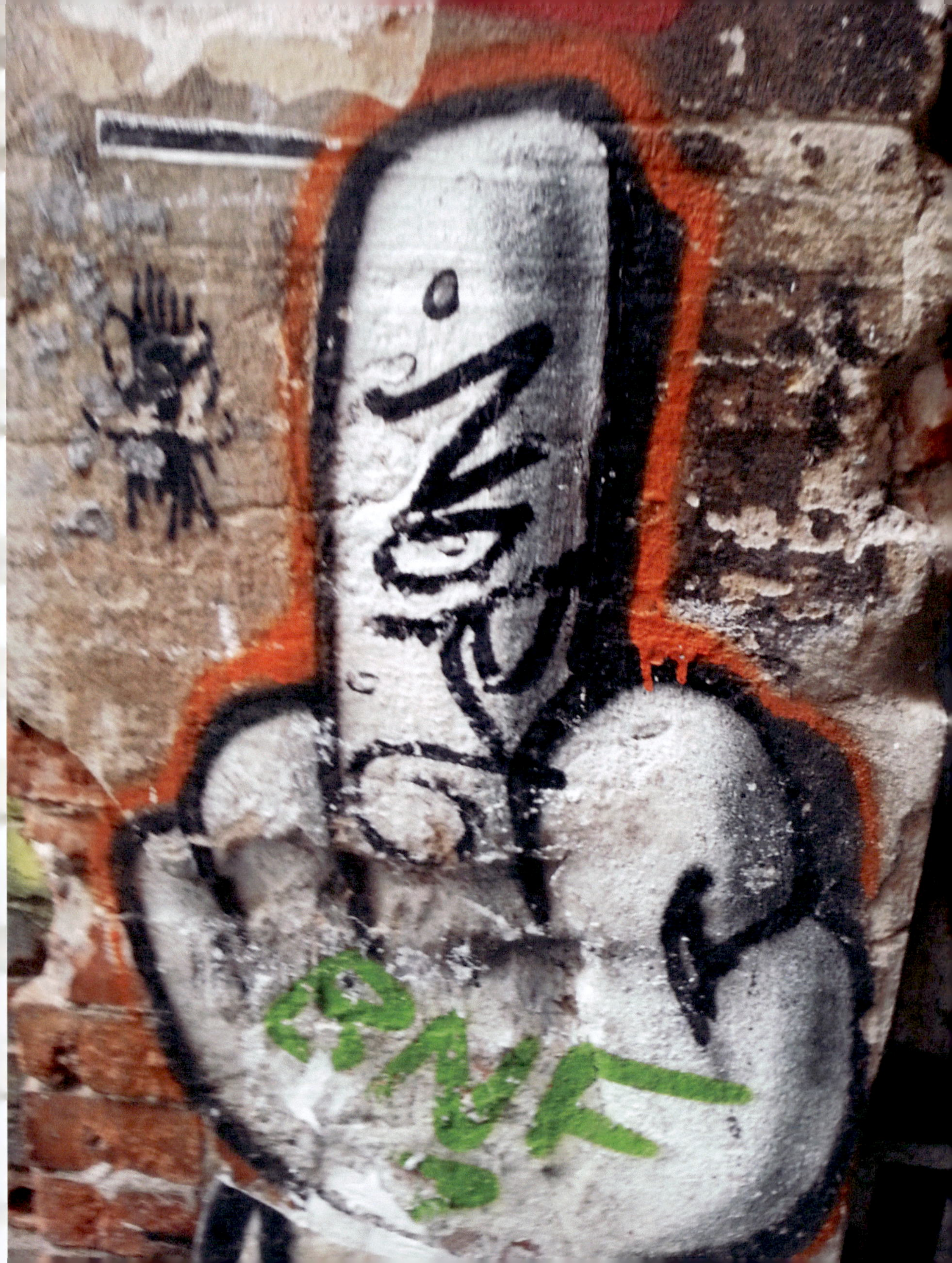
PNUT

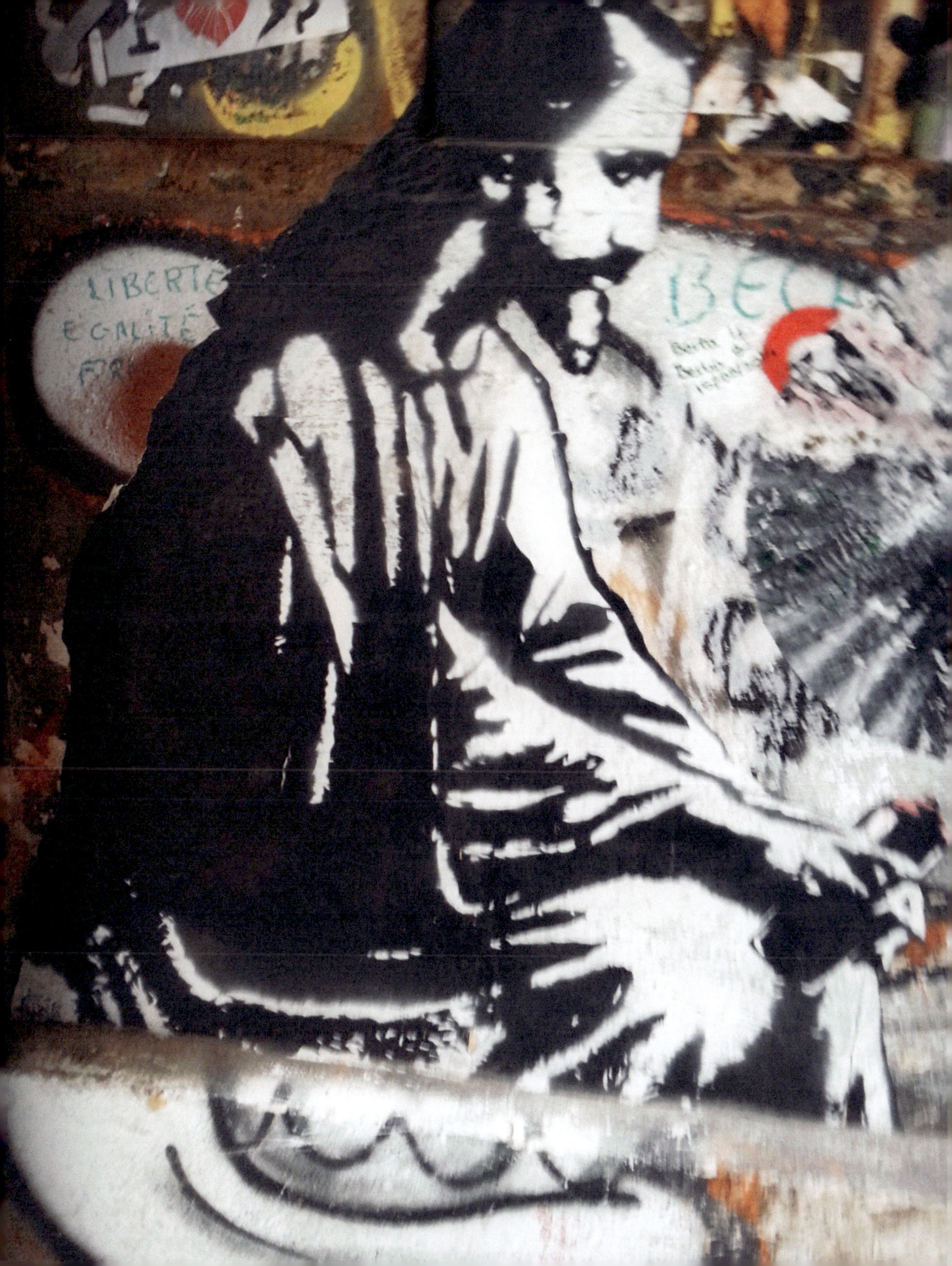

LIBERTÉ
EGALITÉ
FR
BEC

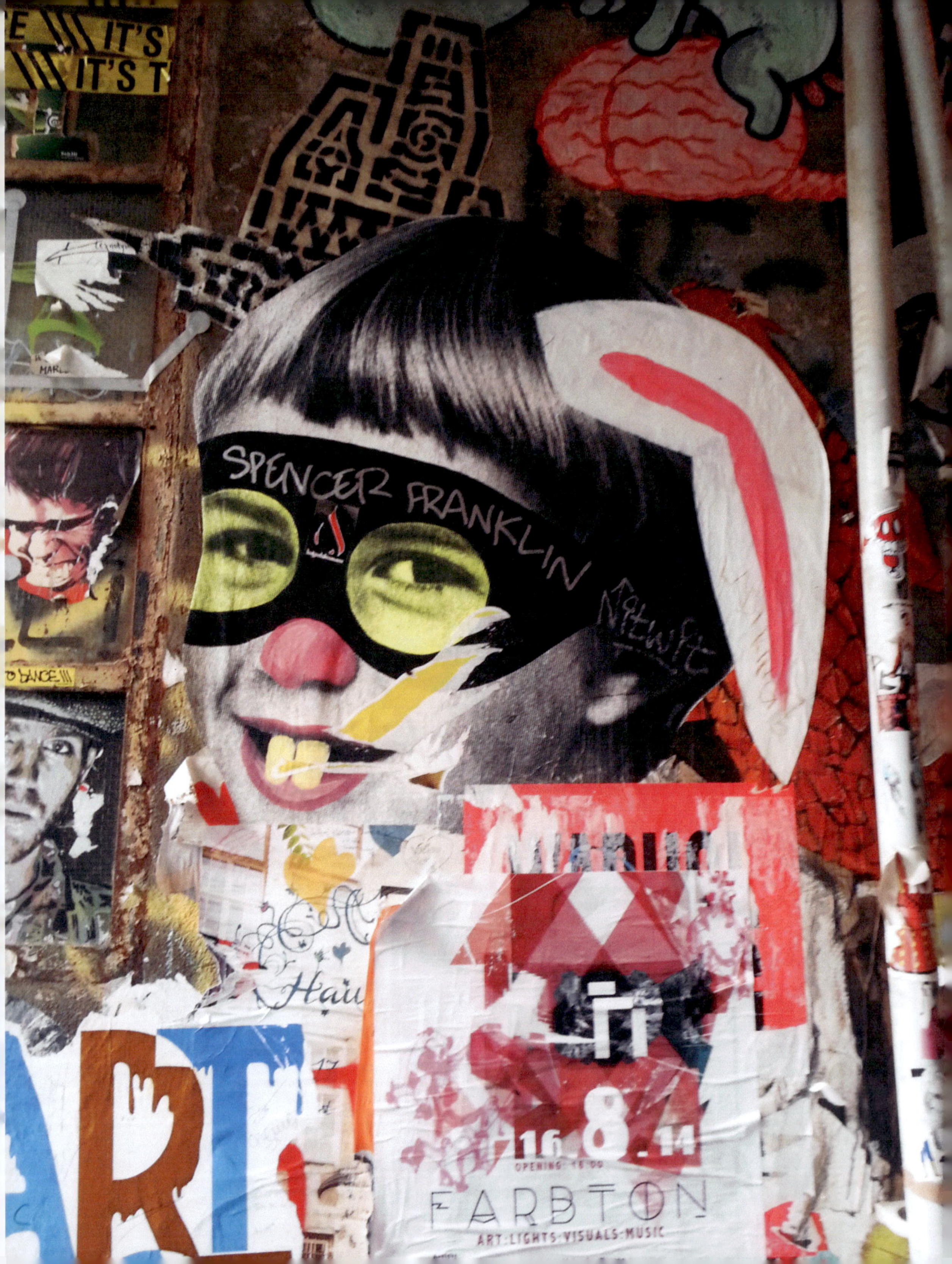
IT'S
IT'S T
SPENCER FRANKLIN
NITWIT
16 8.14
OPENING
FARBTON
ART·LIGHTS·VISUALS·MUSIC

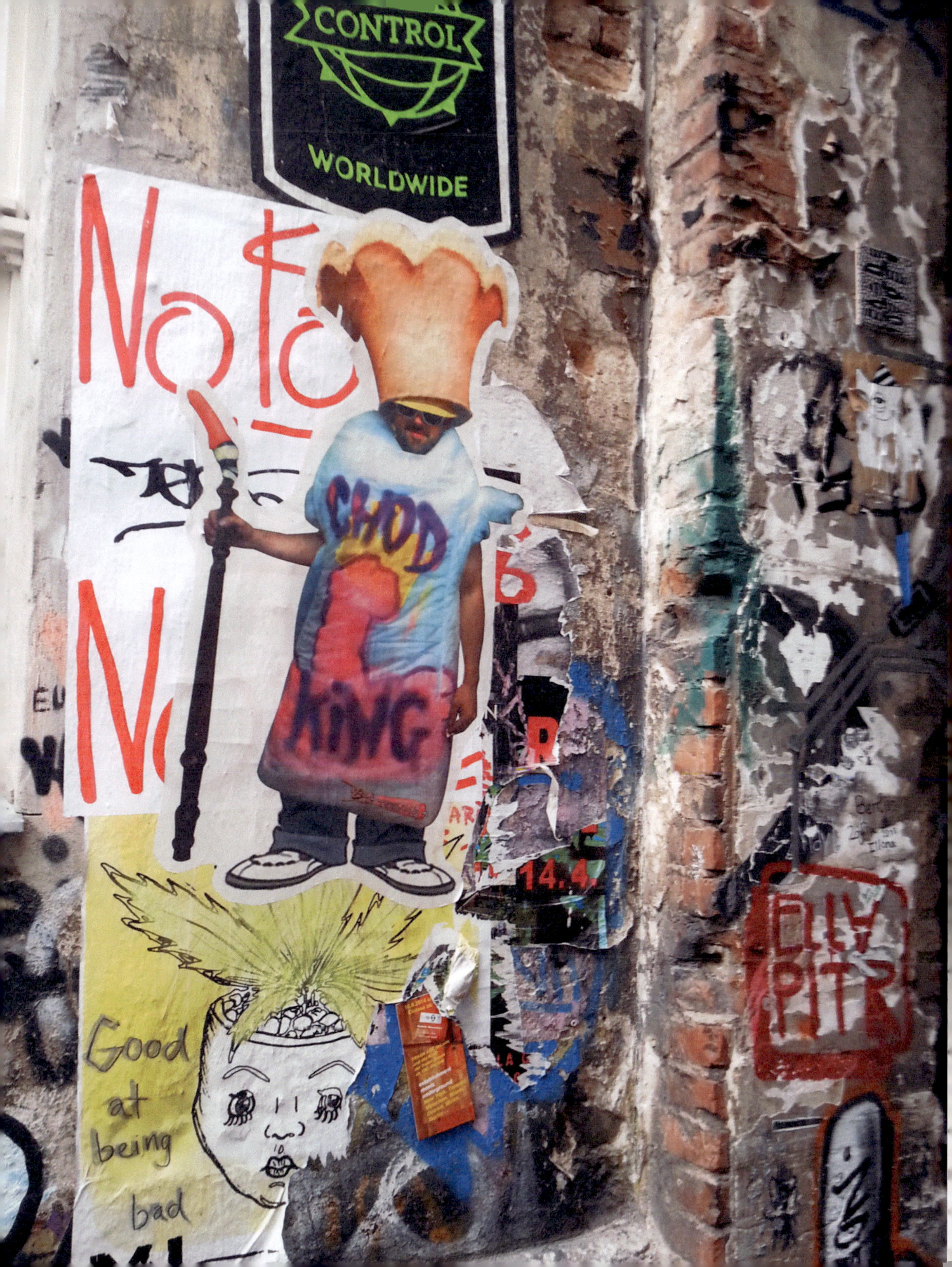

CONTROL
WORLDWIDE
No
No
CHOD
KING
Good
at
being
bad
14.4

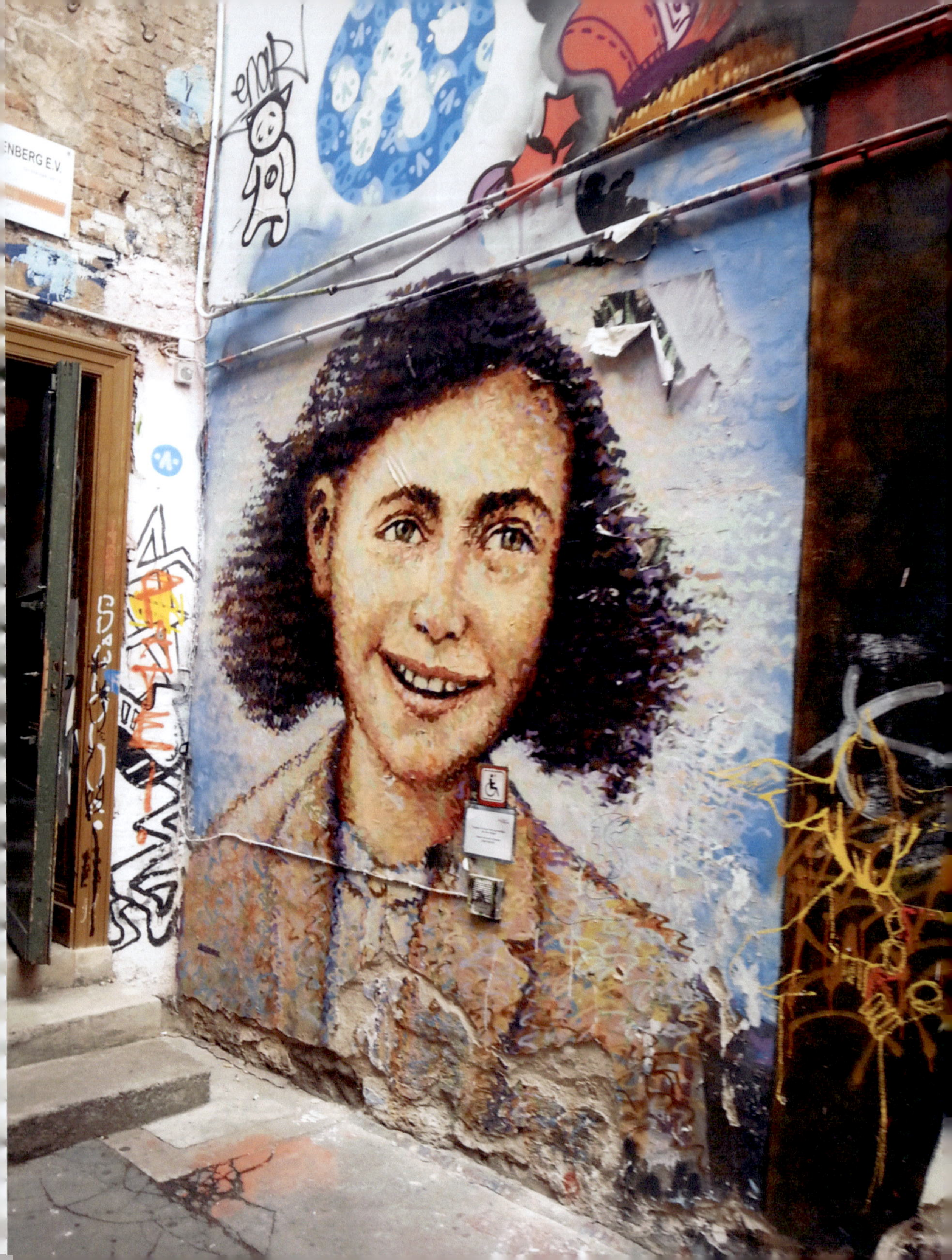
ENBERG E.V.

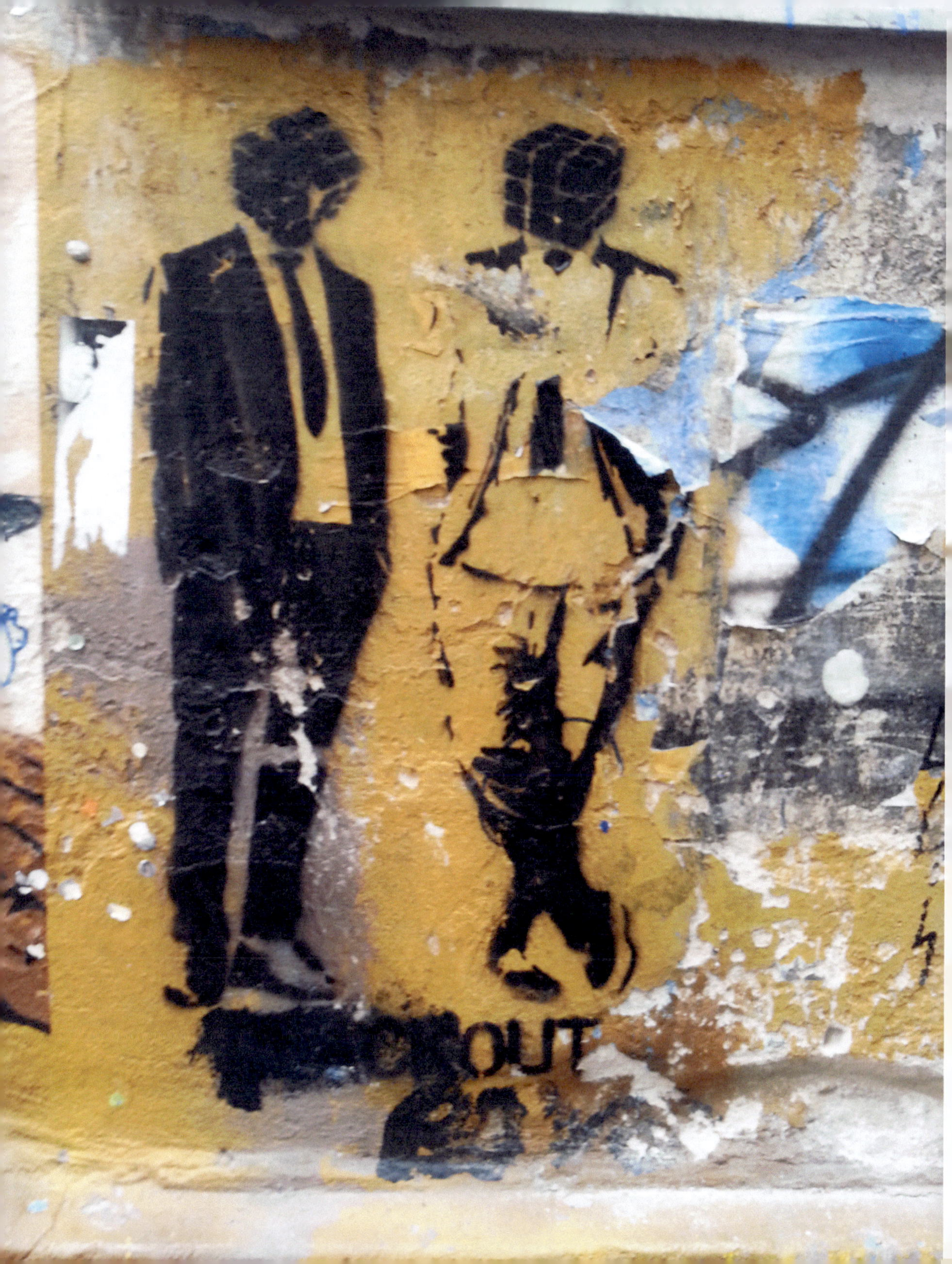
OUT

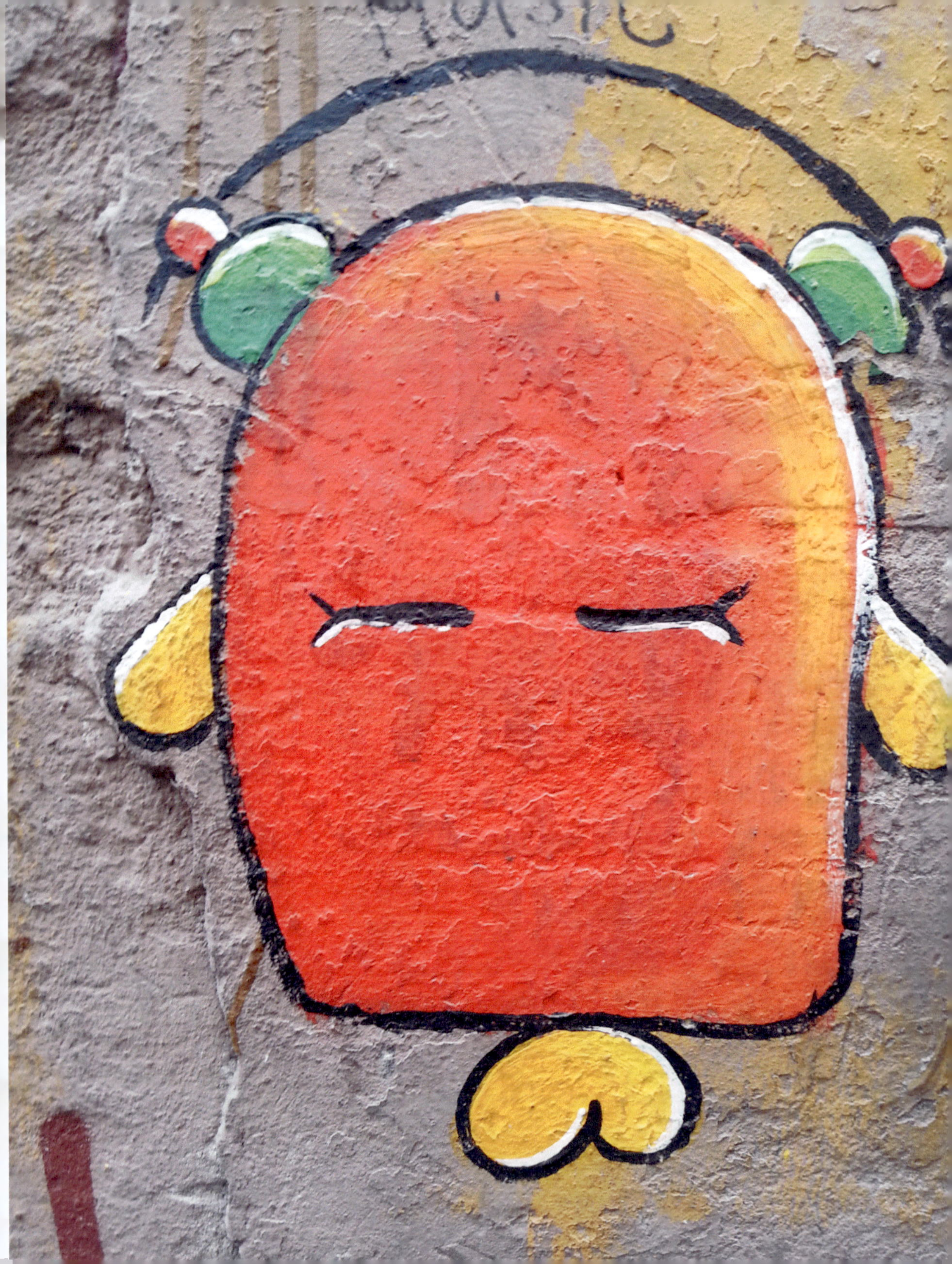

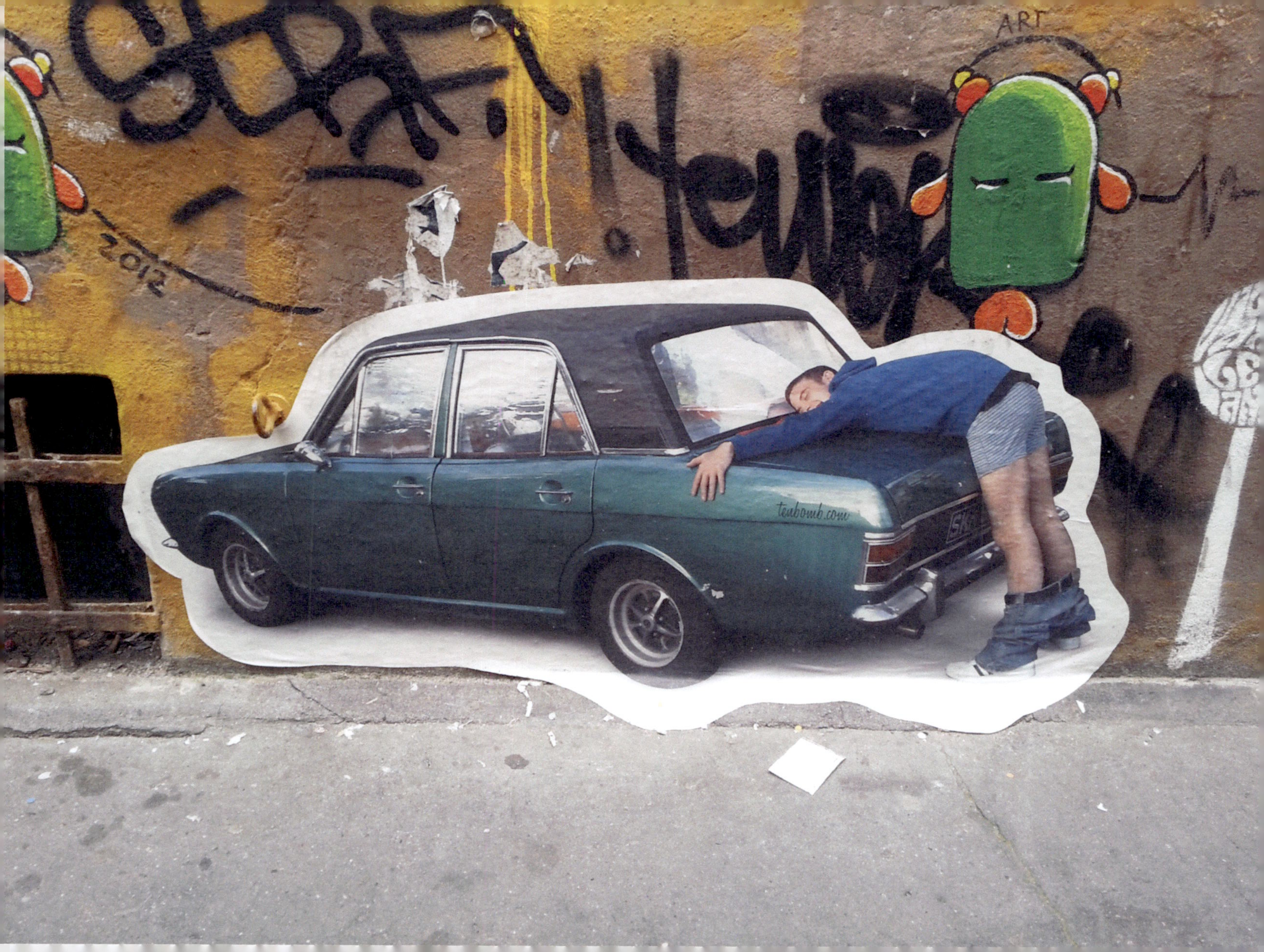

ART
2012
tedbomb.com

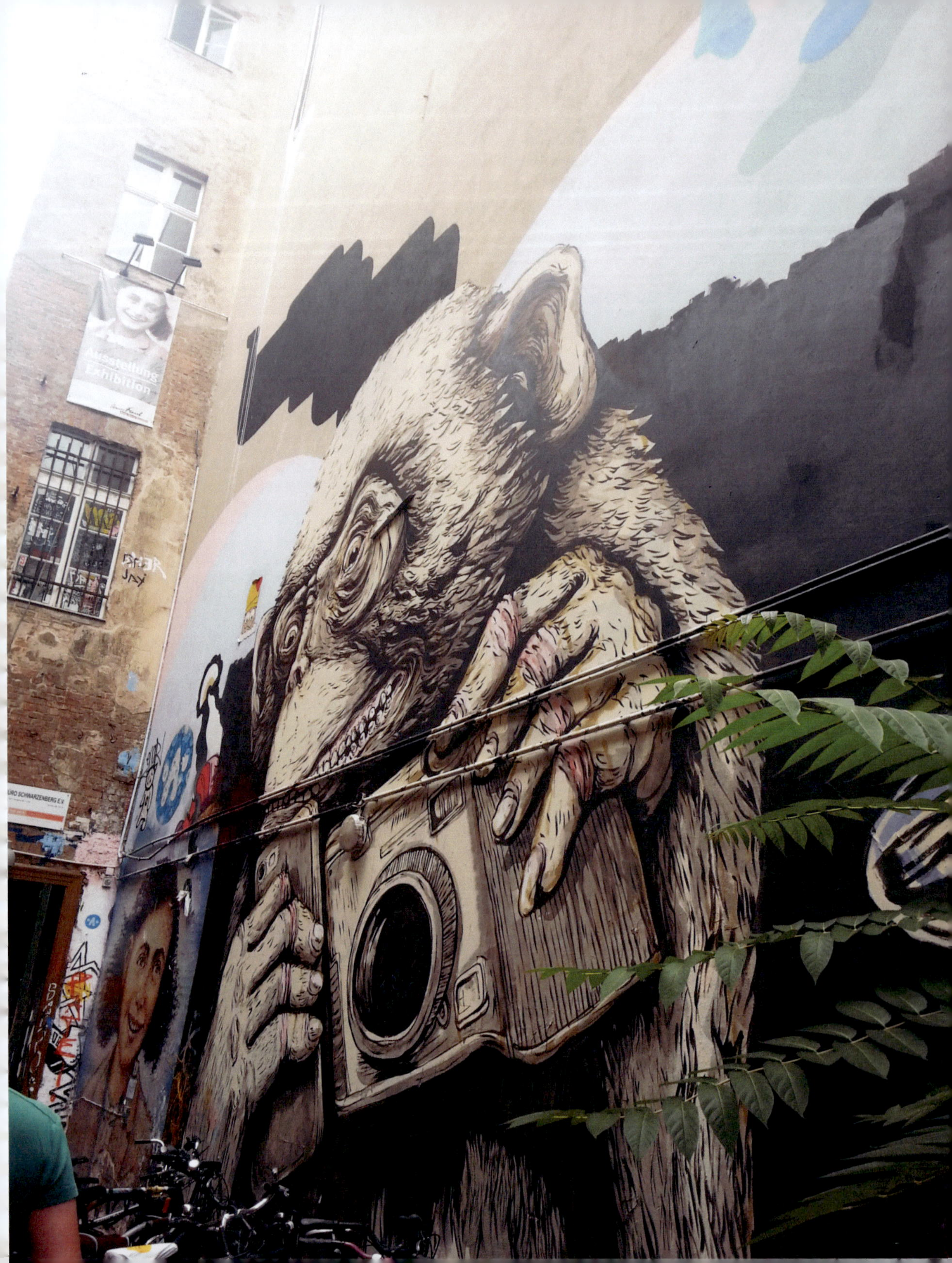

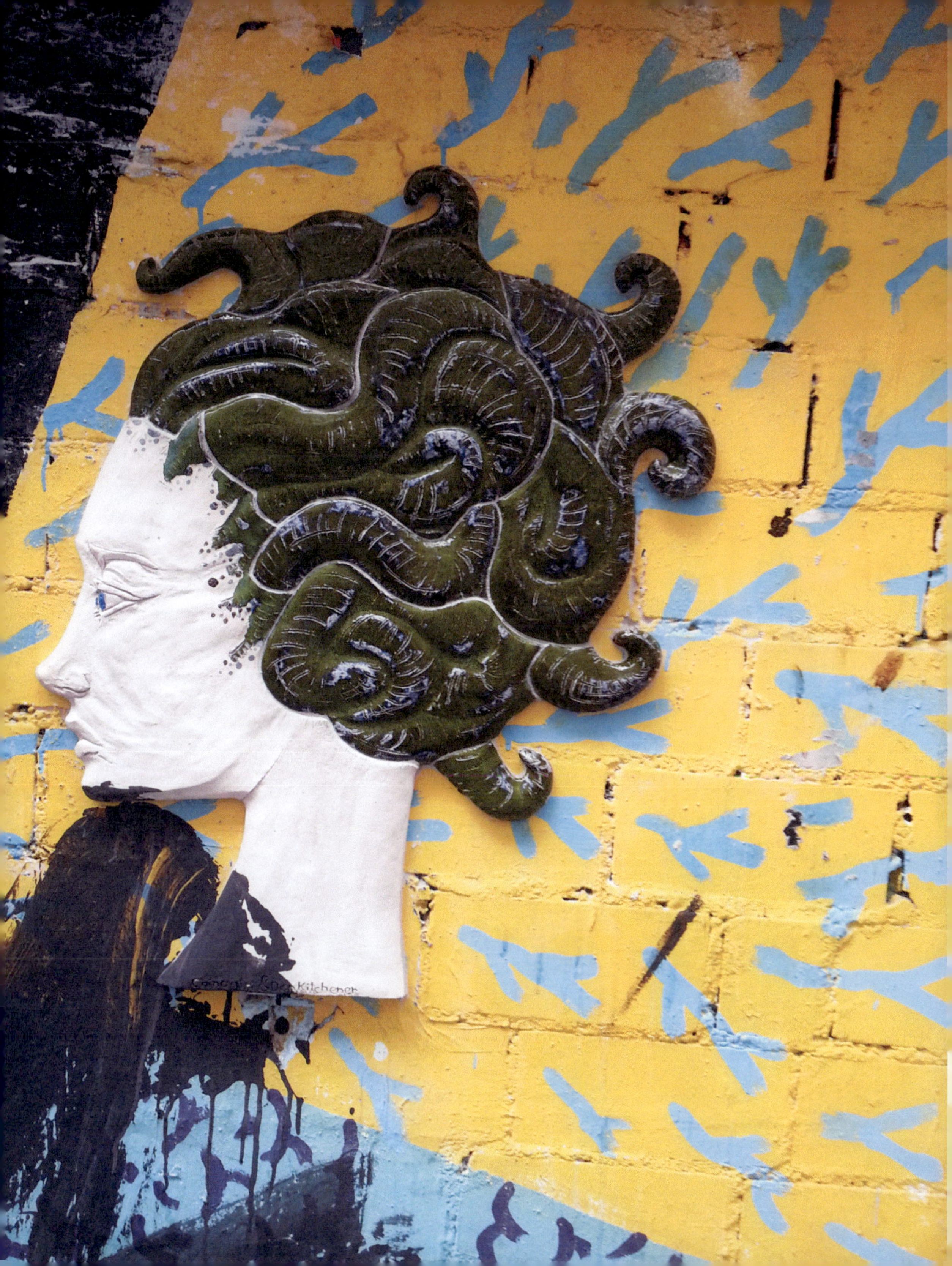
Eden Kitchener

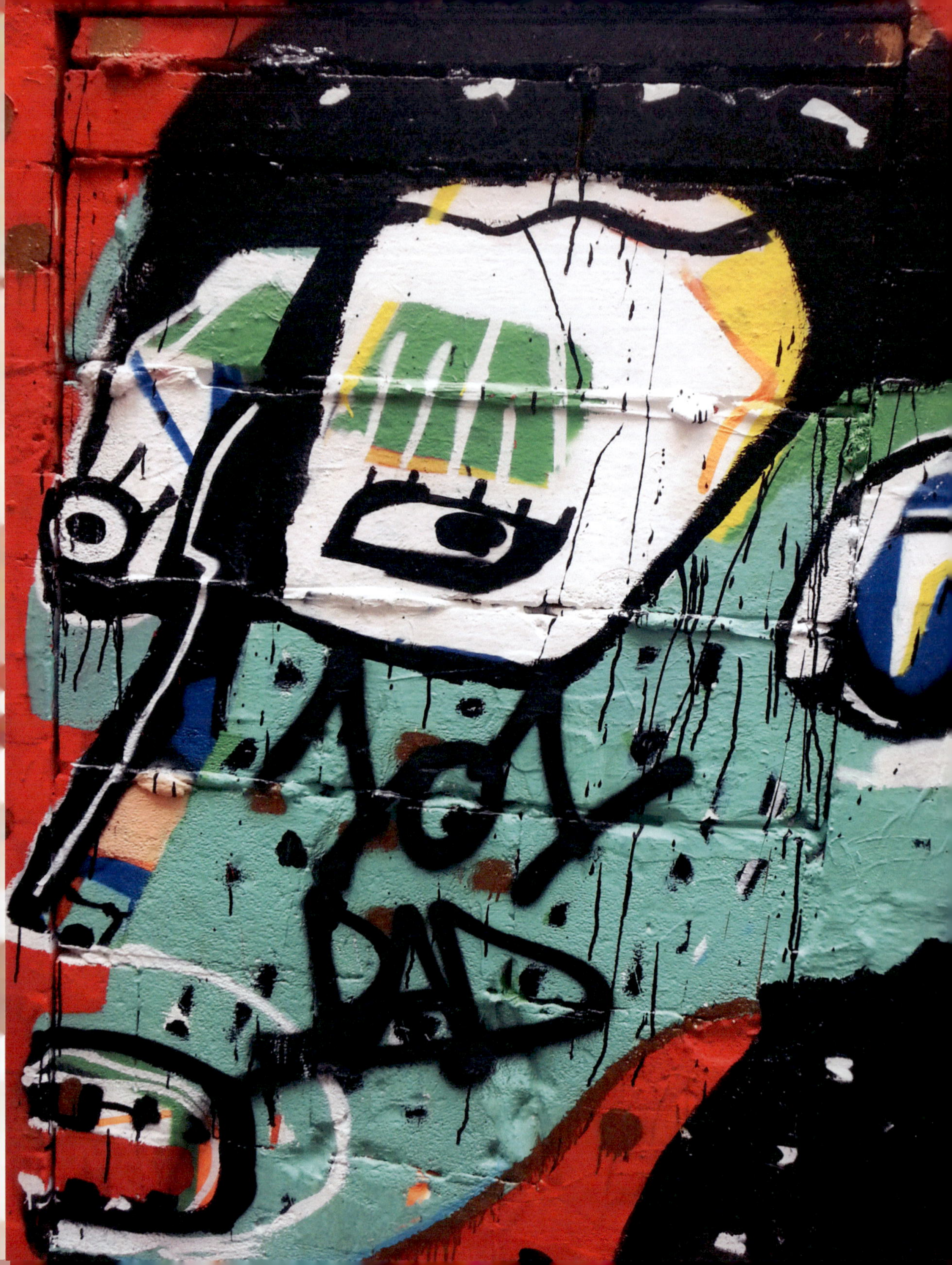

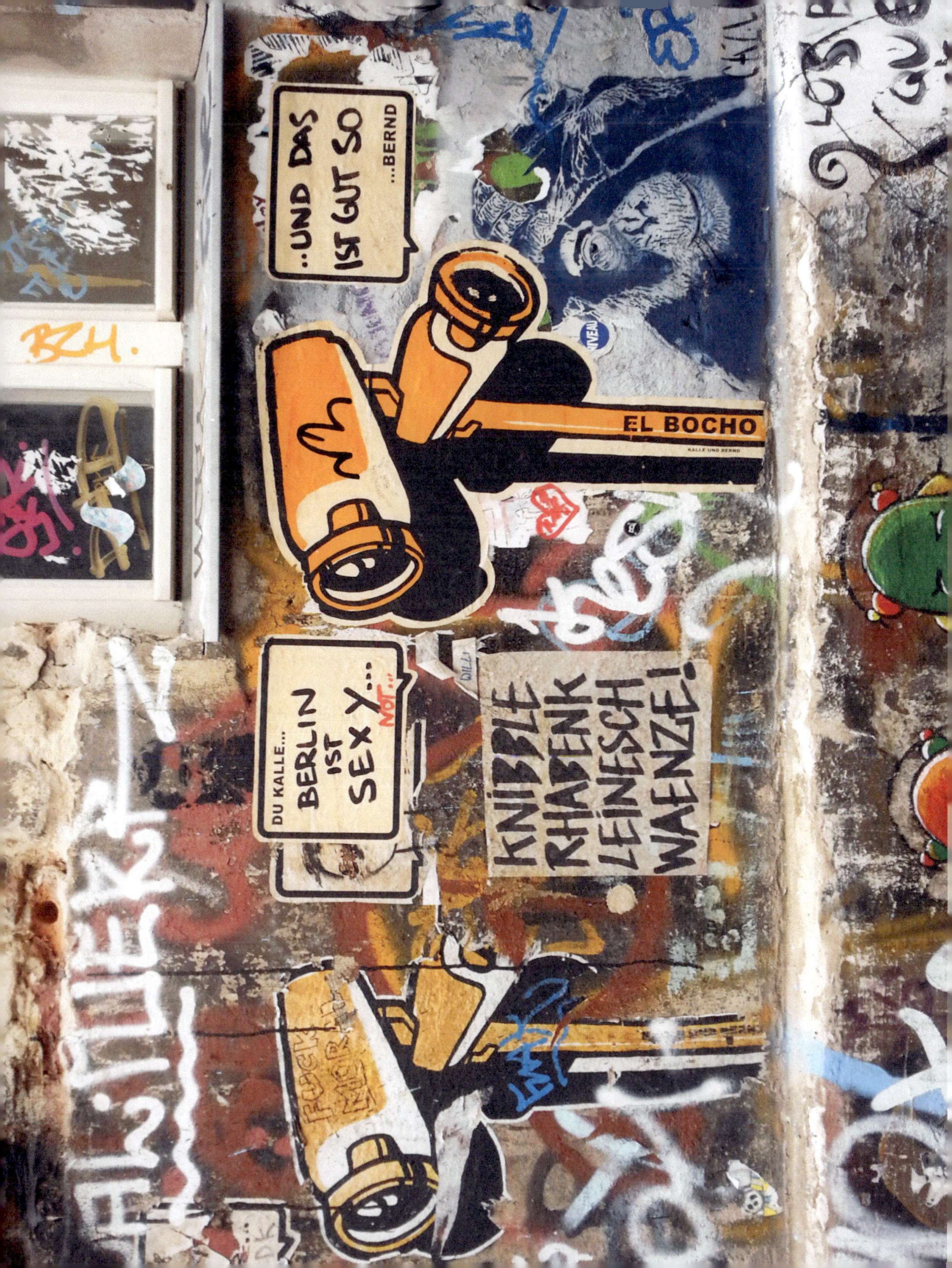

..UND DAS IST GUT SO
...BERND
EL BOCHO
KALLE UND BERND
DU KALLE...
BERLIN IST SEXY...
NOT...
KNIBBLE RHABENK LEINESCH WAENZE!

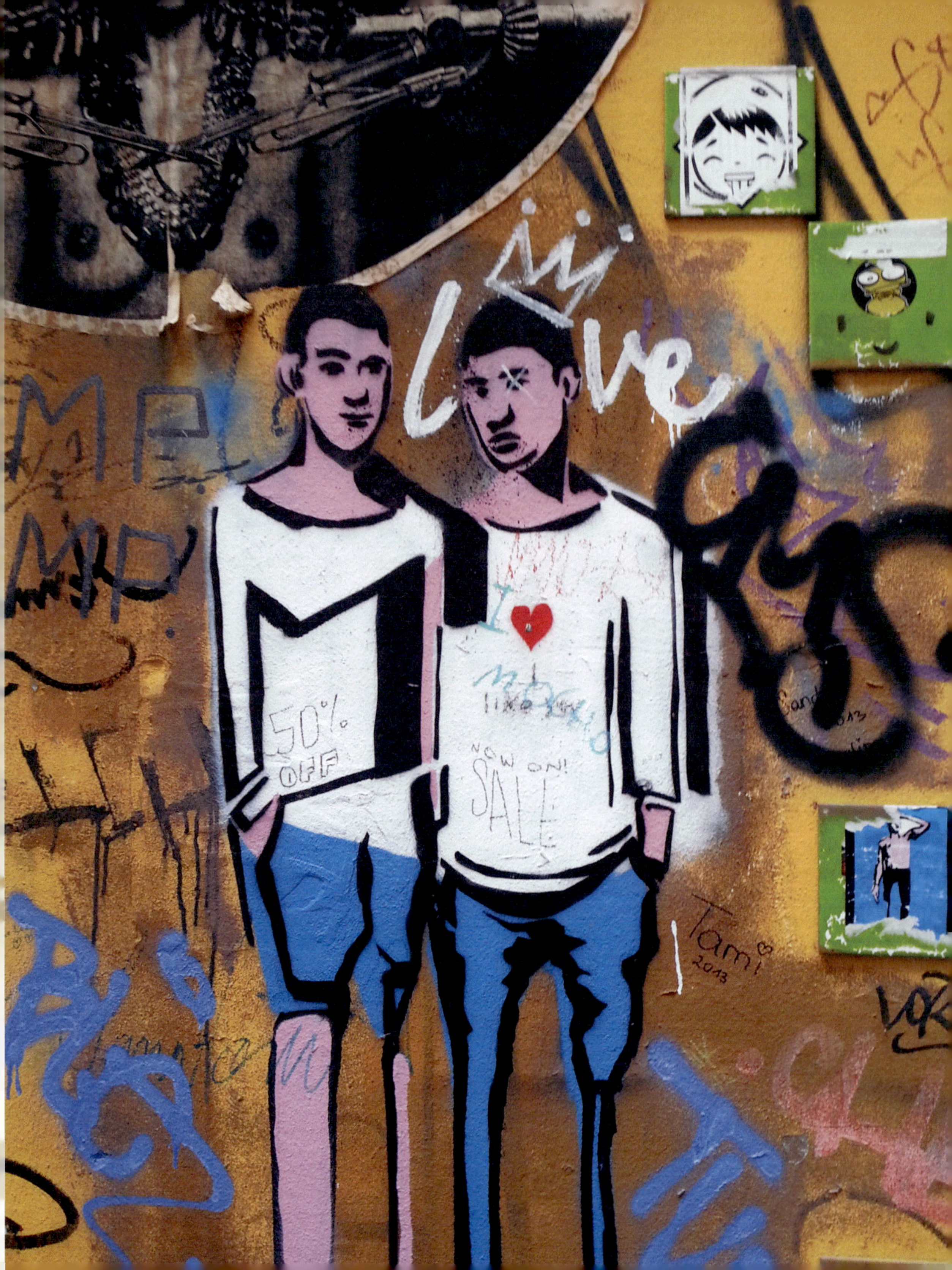

love
50% OFF
I ♥
NOW ON!
SALE
Tami
2013

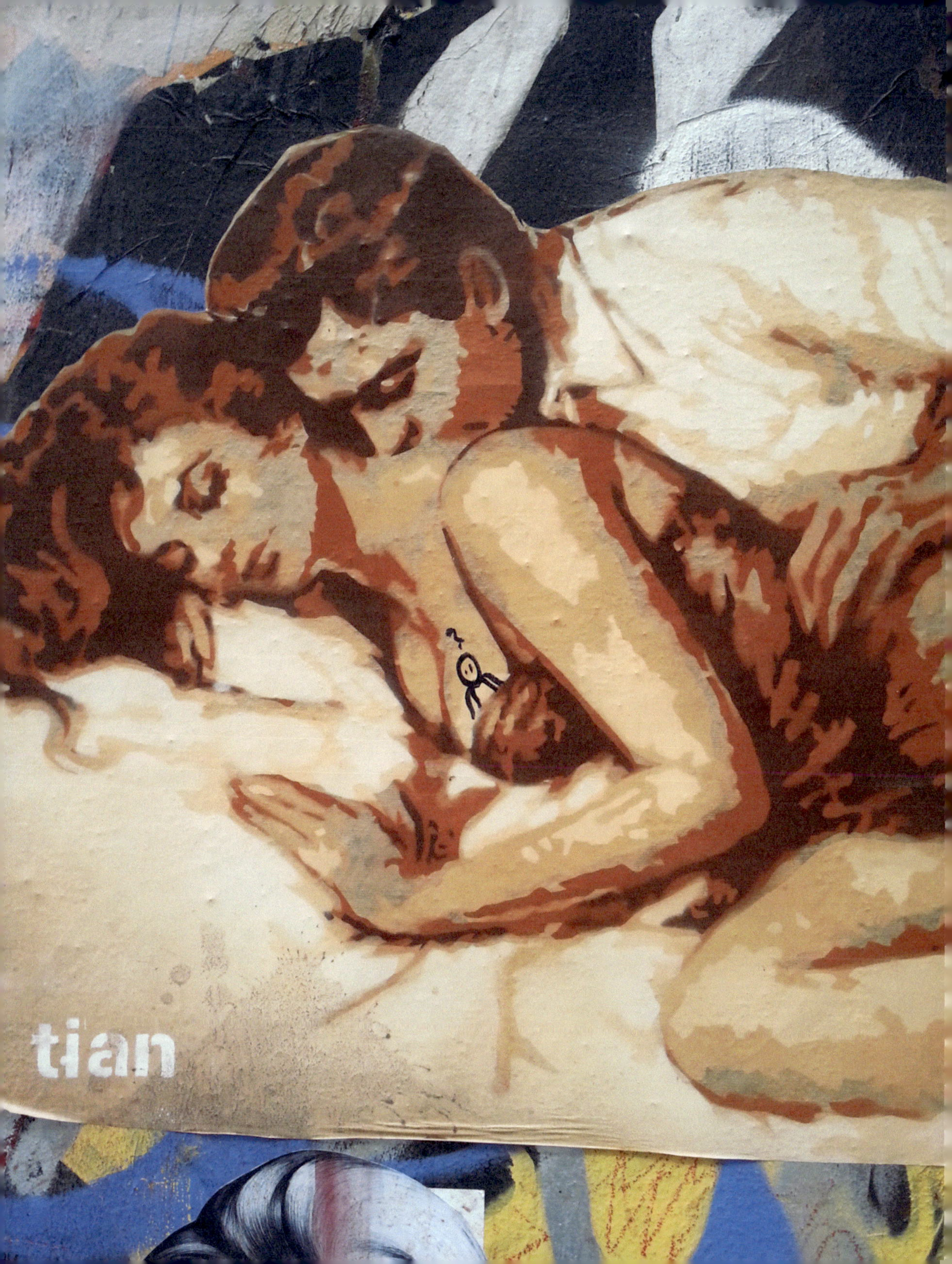
tian

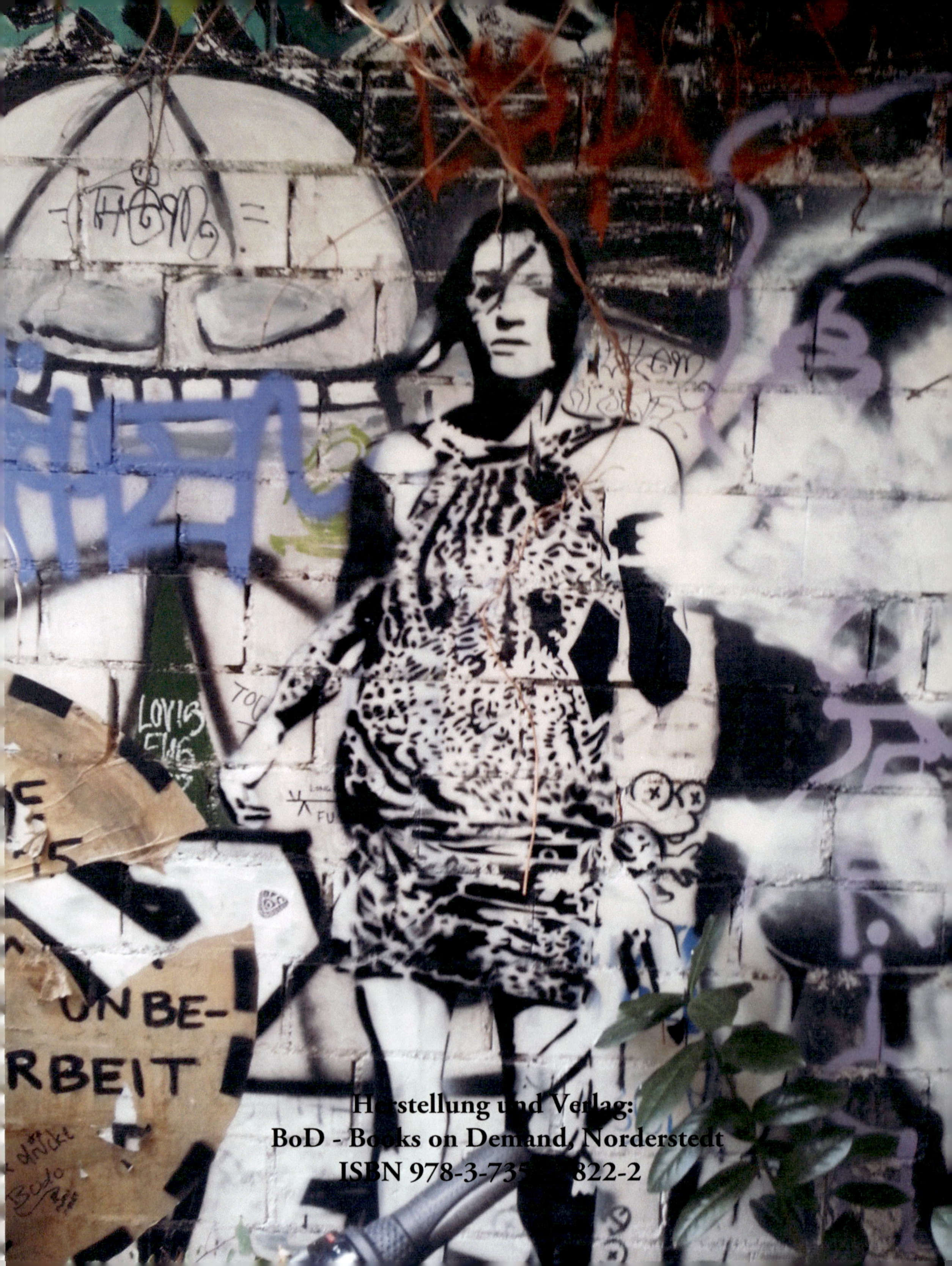
Herstellung und Verlag:
BoD - Books on Demand, Norderstedt
ISBN 978-3-735-822-2